Filosofar
é Preciso

Filosofia com crianças
O que é? Como se faz?

Juarez Sofiste

Edições Loyola

Dados Internacionais de Catalogação na Publicação (CIP)
(Câmara Brasileira do Livro, SP, Brasil)

Sofiste, Juarez
　　Filosofia com crianças : o que é? como se faz? / Juarez Sofiste.
-- 1. ed. -- São Paulo : Edições Loyola, 2023. -- (Coleção Filosofar
é preciso)

　　ISBN 978-65-5504-251-1

　　1. Criança e filosofia 2. Filosofia I. Título. II. Série.

23-145052　　　　　　　　　　　　　　　　　　　　　　　　CDD-100

Índices para catálogo sistemático:
1. Filosofia　　　　　　　　　　　　　　　　　　　　　　　100

Aline Graziele Benitez - Bibliotecária - CRB-1/3129

Preparação: Paulo Fonseca
Criação e Projeto Gráfico:
　　Maurélio Barbosa
　　Mauro C. Naxara
Capa: Mauro C. Naxara
Diagramação: Sowai Tam
Revisão: Carolina Rubira

Edições Loyola Jesuítas
Rua 1822 nº 341 – Ipiranga
04216-000 São Paulo, SP
T 55 11 3385 8500/8501, 2063 4275
editorial@loyola.com.br
vendas@loyola.com.br
www.loyola.com.br

Todos os direitos reservados. Nenhuma parte desta obra pode ser reproduzida ou transmitida por qualquer forma e/ou quaisquer meios (eletrônico ou mecânico, incluindo fotocópia e gravação) ou arquivada em qualquer sistema ou banco de dados sem permissão escrita da Editora.

ISBN 978-65-5504-251-1

© EDIÇÕES LOYOLA, São Paulo, Brasil, 2023

104277

Sumário

Apresentação 7

1. Filosofia para crianças: o que é? 11
   1.1. Filosofia para crianças 11
   1.2. A concepção de Filosofia e a Filosofia para crianças 14
   1.3. O que significa aprender a pensar por si mesmo 18
   1.4. A metodologia da Filosofia para Crianças 20

2. Filosofia com crianças segundo a Investigação Dialógica ... 29
   2.1. Considerações iniciais 29
   2.2. O Programa de Filosofia para Crianças e suas
        contribuições à Investigação Dialógica 31
   2.3. Princípios pedagógicos e metodológicos da
        Investigação Dialógica 34
        2.3.1. Considerações iniciais 34
        2.3.2. A investigação como princípio pedagógico e
               metodológico 36
        2.3.3. O diálogo como princípio pedagógico e
               metodológico 43
        2.3.4. A aprendizagem segundo a Investigação Dialógica ... 58

3. Filosofia com crianças: como se faz? 65
   3.1. Princípios e procedimentos 65

- 3.1.1. Considerações gerais 65
- 3.1.2. Estrutura geral da Investigação Dialógica 69
- 3.1.3. Roteiro para planejamento de sessão de Investigação Dialógica 73
- 3.2. Investigação Dialógica — Princípios para uma Filosofia com crianças 75
  - 3.2.1. Considerações iniciais 75
  - 3.2.2. Sugestões para a elaboração de proposta pedagógica 77
- 3.3. Sugestões de Programas de Filosofia com Crianças 80
  - 3.3.1. Considerações iniciais 80
  - 3.3.2. Considerações gerais sobre os documentos: DCNGEB e BNCC 82
  - 3.3.3. Filosofia com Crianças e as DCNGEB e a BNCC 98
    - 3.3.3.1. Pressupostos/princípios para a inclusão da Filosofia com Crianças nas primeiras séries do ensino fundamental 98
  - 3.3.4. Proposta de Programa de Filosofia com Crianças para o 1º e 2º anos do ensino fundamental (6-7 anos) 101
  - 3.3.5. Proposta de Programa de Filosofia com Crianças para os 3º, 4º e 5º anos do ensino fundamental (8-10 anos) 105
  - 3.3.6. Exemplos/demonstrativos/sugestões de planejamento de oficinas/sessões de Investigação Dialógica com crianças 111
  - 3.3.7. Recursos didáticos para a Incentivação 113
  - 3.3.8. Sugestão de roteiro para planejamento das oficinas/sessões 116
  - 3.3.9. Exemplos de planejamentos de oficinas/sessões de Investigação Dialógica 117

4. **Considerações finais** 123

5. **Bibliografia** 127

Apresentação

O intento fundamental deste livro é responder aos dois questionamentos veiculados em seu título: O que é filosofia com crianças? Como se faz filosofia com crianças? Espera-se que ao final de seus estudos os leitores estejam aptos a desenvolver e coordenar sessões/oficinas de filosofia com crianças, não sem antes estarem eles mesmos capacitados para a elaboração de programas, isto é, propostas pedagógicas de filosofia com crianças.

Fazer filosofia com crianças não é ensinar conteúdos de filosofia, ou seja, ensinar aqueles saberes que os alunos de graduação em filosofia estudam, tais como: história da filosofia, ética, metafísica, epistemologia etc. Fazer filosofia com crianças é pura e simplesmente filosofar, adotar uma atitude filosófica. Mas, em que consiste o filosofar? Em que consiste a atitude filosófica?

Aqui, considero o conceito de filosofar/atitude filosófica de Marilena Chauí (1997, 12) que consiste em: "não aceitar como óbvias e evidentes as coisas, as ideias, os fatos, as situações, os valores, os comportamentos de nossa existência cotidiana; jamais aceitá-los sem antes havê-los investigado e compreendido". Adotar uma atitude filosófica é, portanto, colocar as nossas crenças em questão, transformar nossas crenças em problemas. Problematizar! Eis a competência fundamental para o exercício do filosofar.

Problematizar não no sentido de problemático, complicado, ranzinza, agressivo, irritado, mal-humorado etc. O problematizar filosófico que estamos falando é o de sentido poético. Refere-se à capacidade de admirar-se com o mundo, espantar-se com o cotidiano e com as coisas mais corriqueiras. Atitude esta muito comum entre os poetas, crianças e filósofos.

Em princípio, considero que não existe nada de misterioso e extraordinário para filosofar. Lembrando que o filosofar é a condição primeira para aqueles que pretendem fazer filosofia com crianças. Por isso, proponho um texto que contribuirá com tal empreendimento, no entanto, não se trata de um livro de receitas, é, ao contrário, um convite ao protagonismo e à criatividade.

O método que propomos para o filosofar é o da "Investigação Dialógica". Em sentido geral, é um método de docência aplicável em qualquer disciplina. Em sentido restrito, é um método de docência de filosofia que visa a aprendizagem do Filosofar mediante a incorporação das competências filosóficas do PAC — Problematizar, Argumentar e Conceituar.

Considerando, no entanto, que os princípios pedagógicos, metodológicos e educativos da Investigação Dialógica são o "diálogo" e a "investigação", pode-se afirmar que estamos falando de algo que ultrapassa as fronteiras da educação formal (escolar) e

apresentação

corrobora, substantivamente, todos os níveis de relacionamento humano, uma vez que o requisito primeiro e fundamental para o bom êxito do método é aprendizagem e prática do diálogo, ou seja, a prática da Investigação Dialógica exige o exercício do diálogo em sua plenitude.

As ações de pesquisa, docência e articulação externa que serviram de base para o desenvolvimento, consolidação e estruturação da Investigação Dialógica foram e são desenvolvidas pelo "Pensando Bem…" — Núcleo de Pesquisa em Filosofia e Educação do Departamento de Filosofia da Universidade Federal de Juiz de Fora, em que sou coordenador.

O trabalho que ora apresento é principalmente uma adaptação dos procedimentos didáticos da Investigação Dialógica para o "ensino" de filosofia com crianças. O texto se encontra dividido em dois blocos. No primeiro, consta a parte teórica de fundamentação (princípios, referencial teórico, procedimentos e objetivos), baseada em minha tese de doutoramento — *Investigação Dialógica. Uma pedagogia para filosofar* (2016) — com algumas adaptações para o nível de ensino aqui delimitado. No segundo, de ordem didática, consta a proposição de programas de filosofia com crianças para os anos iniciais do Ensino Fundamental.

A primeira parte traz uma apresentação geral da Filosofia para crianças com o objetivo de proporcionar uma visualização do programa, tal como proposto pelo seu criador, Matthew Lipman. Nela são desenvolvidos os seguintes temas: a) qual é a concepção de filosofia em questão?; b) o que significa exatamente Filosofia para crianças?; c) o que significa aprender a pensar por si mesmo?; e d) qual é a metodologia da Filosofia para crianças?

A segunda parte apresenta a Filosofia com crianças segundo a Investigação Dialógica. Neste capítulo são desenvolvidos os seguintes itens: a) a Filosofia para crianças e suas contribuições para a Investigação Dialógica e b) os princípios da Investigação Dialógica e a sua concepção de aprendizagem.

As partes seguintes dizem respeito às questões práticas/didáticas da aplicabilidade da Investigação Dialógica na docência de filosofia com crianças, são apresentados os seguintes tópicos de estudo: a) a filosofia com crianças, como se faz?; b) os princípios para uma filosofia com crianças e, por último, c) sugestões de programas de filosofia com crianças.

1

Filosofia para crianças: o que é?

1.1. Filosofia para crianças

Matthew Lipman é considerado o criador da Filosofia para crianças, e é a ele que dirijo a pergunta de partida: quais foram as razões e motivações que o levaram a pensar a necessidade e a possibilidade de tornar a filosofia acessível às crianças? No texto *Como nasceu a Filosofia para Crianças*, o professor nos conta que, em 1969, após ter ensinado Introdução à Lógica a estudantes universitários durante alguns anos, passou a se questionar sobre a validade desse curso, pois lembra-se que teve a mesma dúvida quando era estudante da referida disciplina, em virtude de sua falta de interesse. Todavia, afirma o professor:

> Deparei comigo mesmo perguntando-me novamente qual possível benefício meus alunos obtinham ao estudar as regras para determinar a validade dos silogismos ou ao aprender a construir orações contrapositivas. Eles realmente

> raciocinavam melhor como resultado de estudar lógica? Não estariam seus hábitos linguísticos e psicológicos já tão firmemente estabelecido que qualquer tipo de prática ou instrução no raciocínio chegava tarde demais? (LIPMAN, 1998, 21)

Os questionamentos giravam em torno das possiblidades de ajudar as crianças a pensarem com maior habilidade, o problema não era a capacidade de pensar das crianças, mas como conseguir que elas pensassem bem (LIPMAN, 1998, 21). A saída parecia estar na ideia de uma história em que as crianças descobrissem por si mesmas os caminhos do pensar bem. As crianças da história deveriam formar uma espécie de comunidade de pesquisa, em que todas participassem, em alguma medida, na busca e na descoberta de modos mais efetivos de pensar.

Desta forma, em 1969, Matthew Lipman escreve a sua primeira novela filosófica, dando início ao seu grande projeto: a elaboração de um Programa de Filosofia para Crianças que, atualmente, contempla toda a educação básica. A ideia de um material didático para se trabalhar a filosofia no ensino fundamental ganhou forma em uma espécie de romance ou novela filosófica para adolescentes. A estrutura do texto tem o formato de um diálogo que envolve o ambiente escolar e o familiar. Os personagens são crianças intelectualmente curiosas, questionadoras e, acima de tudo, dispostas ao diálogo em grupo sobre as questões e temas que as incomodam.

> Minha ideia era que o grupinho de crianças, na história, servisse de modelo com o qual os alunos reais pudessem se identificar. Um retrato assim, de crianças vivendo juntas de

maneira inteligente e respeitando-se mutuamente, poderia dar às crianças a esperança de que semelhante ideal era factível (como fizeram os diálogos de Platão com os adultos). Tive a ideia de fazer um trocadilho com o nome do fundador da lógica. Que tal Ari Startle? Obscuro e robusto demais. Decidi-me por Harry Stottlemeier's Discovery (LIPMAN, 1998, 22-23).

Em relação aos objetivos da Filosofia para crianças, a pergunta volta para Lipman, Sharp e Oscanyan que, no livro *A Filosofia na Sala de Aula*, afirmam: "o objetivo primordial de um programa de filosofia para crianças é ajudá-las a aprenderem a pensar por si mesmas" (LIPMAN; SHARP; OSCANYAN, 1994, 81).

O desafio, e problema, para os autores é como conseguir atingir essa meta. Especificamente, o que pode ser obtido ao se oferecer às crianças um curso de pensamento filosófico? Os questionamentos nos remetem ao ponto de partida do projeto de Lipman: primeiro, ajudar as crianças a pensarem por si mesmas mediante a filosofia, ou seja, mediante um programa de Filosofia para crianças; e, segundo, o que visar ao se oferecer filosofia às crianças e como ajudá-las a pensarem por si mesmas. A estes dois temas, acrescento a questão sobre o método para se filosofar com as crianças, assim, delimito essa primeira parte do texto em três temas que, segundo avaliei, possibilitam uma visualização e ou percepção geral do Programa de Filosofia para Crianças, a saber: 1) qual é a concepção de filosofia em questão? o que significa exatamente Filosofia para Crianças?; 2) o que significa aprender a pensar por si mesmo?; e 3) qual é a metodologia da Filosofia para Crianças?

1.2. A concepção de Filosofia e a Filosofia para crianças

Tornar a filosofia acessível às crianças é o objetivo fundamental de Lipman. Mas, de que filosofia se está falando? Qual é a filosofia que Matthew Lipman deseja levar às crianças? Com certeza não se trata da filosofia acadêmica, a dos cursos da graduação em filosofia, estruturados em disciplinas tais como: História da Filosofia, Ética, Metafísica, Filosofia da ciência, Estética etc. O que se coloca em questão é como os temas e problemas, isto é, os saberes historicamente constituídos de filosofia, podem ser acessíveis às crianças. A diferenciação que Matthew Lipman faz distingue, basicamente, duas formas de entender a filosofia. A primeira é a filosofia enquanto sistema ou teoria, o conjunto de problemas específicos dos filósofos, isto é, da história da filosofia. A segunda refere-se ao caráter prático da filosofia, à atitude do filosofar, do fazer e vivenciar a filosofia. A filosofia que Lipman pretende levar às crianças é a de caráter prático, a que enfoca a atitude do filosofar, em suma, a que prioriza uma postura "filosófica" diante de si mesma, do mundo, da realidade e da sociedade. Não significa, no entanto, que o seu programa abandonou, não tem relação ou é uma negação da filosofia enquanto sistema ou teoria. Em princípio, é preciso notar que Matthew Lipman articulou com muita competência os temas e problemas dos saberes filosóficos, isto é, da cultura filosófica (teoria) enquanto aspecto prático, a filosofia enquanto atitude ou postura diante da existência e problemas cotidianos. Neste sentido, postulo que sua proposta pedagógica de Filosofia para crianças é uma excelente alternativa para o ensino de filosofia, de forma especial, para a educação básica.

No livro *A filosofia vai à escola* (1990), Lipman afirma que a filosofia em seus começos se manifestava das mais variadas formas, tais como: aforismo, poesia, diálogo e drama. Mas essa riqueza de manifestações teve vida curta e rapidamente a filosofia se transformou naquilo que é atualmente: uma disciplina acadêmica, cujo acesso foi limitado, em geral, aos estudantes das Universidades. E o que se espera dos estudantes, na maioria dos casos, é que aprendam filosofia ao invés de fazê-la. Apesar de tudo, a filosofia é uma sobrevivente, afirma o autor (LIPMAN, 1990, 27).

O caráter prático da filosofia que Lipman deseja levar às crianças é de inspiração socrática; o que, por si mesmo, é um resgate do papel social da filosofia enquanto atividade existencial, no sentido ético, pedagógico e político. É a filosofia incorporada ao modo de vida, uma filosofia socialmente compartilhada e construída dialogicamente. Estimo que o modo de fazer filosofia proposto pelo Programa de Filosofia para Crianças, principalmente quanto à pedagogia da Comunidade de Investigação, tem muitos pontos de convergência com o modo socrático de fazer filosofia. Constatamos, no entanto, que existem também pontos de divergências entre ambas as propostas. Aqui interessam-nos, principalmente, os pontos de aproximação das propostas, dentre os quais destaco o diálogo e a investigação. Não digo que Sócrates é o único ou o principal filósofo que influenciou Lipman, mas, conforme Kohan:

> Certamente Lipman também recebeu influências de outros filósofos e categorias filosóficas. É o caso, por exemplo, de alguns aspectos da pedagogia platônica ou das teorias do conhecimento aristotélicas. Mas em todos os casos, e em

outros similares, Lipman foi influenciado indiretamente pelo platonismo e o aristotelismo de autores como Dewey ou Pierce do que por um contato direto com aqueles autores (KOHAN; WUENSCH, 1999, 99).

Ressalto, no entanto, que o projeto de Lipman busca retomar todos os temas e problemas que os filósofos, isto é, a história da filosofia, vêm tematizando desde os pré-socráticos até os dias atuais. Trata-se de uma espécie de reconstrução da filosofia (seus temas e problemas) a partir de uma perspectiva didática (novelas e manuais) para o trabalho com a filosofia na educação básica: a educação infantil e os ensinos fundamental e médio.

Neste sentido, pode-se afirmar que são muitas as influências recebidas e que, em geral, os filósofos estão presentes em seu programa de Filosofia para Crianças. Segundo Kohan, "alguns desses filósofos, como Wittgenstein ou Ryle, influíram enormemente em Lipman no que tange à metodologia que sustenta os manuais de discussão filosófica" (KOHAN; WUENSCH, 1999, 99-100).

Na pedagogia da comunidade de investigação, que é propriamente o lugar de se vivenciar a filosofia, a grande influência é, sem dúvida, o modo de entender/fazer/viver a filosofia de Sócrates. A ironia, primeiro momento do método socrático, consiste em perguntar exaustivamente, não para ridicularizar o interlocutor, mas para problematizar o tema em pauta, em outros termos, delimitar o tema. O reconhecimento do problema é o primeiro passo para o diálogo investigativo. A maiêutica, que significa a arte de parturejar, é a missão de

Sócrates: contribuir para que os seus interlocutores deem à luz novas ideias e conceitos, pautados na razão e não mais na tradição, costumes, crenças e opiniões infundadas. O caminho para tal empreendimento é o diálogo investigativo. Neste sentido, afirma Lipman.

> O que Sócrates enfatiza é o prosseguimento ininterrupto da investigação filosófica, seguindo o raciocínio para onde quer que ele conduza (confiante de que, seja onde for, a sabedoria se encontra naquela direção), e não o ofegar e o tinir de armaduras em batalhas dialéticas, onde o prêmio não está na compreensão, mas na vitória (LIPMAN, 1990, 30).

Pode-se, assim, afirmar que a Filosofia para Crianças é a vivência das crianças na prática da filosofia, seus temas, problemas e métodos. Todo o esforço de Matthew Lipman e seus colaboradores foi no sentido de construir metodologias e didáticas que tornassem possível o que parecia uma ideia muito audaciosa: a filosofia acessível às crianças. Kohan, na sua resposta à pergunta "o que é então Filosofia para Crianças?", afirma:

> É uma tentativa de arrumar os métodos e problemas da filosofia, sem que percam a sua natureza, de modo que esta possa ser praticada por crianças e adolescentes. Lipman forneceu uma narrativa e uma forma de conceber a prática filosófica — numa comunidade de questionamento e investigação — para que esse encontro aconteça, para que as crianças e os adolescentes vivam a filosofia. Nesse sentido, Filosofia para Crianças é um filosofar com crianças e adolescentes (KOHAN; WUENSCH, 1999, 131).

1.3. O que significa aprender a pensar por si mesmo

A matéria de estudo do presente item consiste nos objetivos da Filosofia para Crianças. São duas as questões sugeridas no título acima: 1ª) aprender a pensar e 2ª) pensar por si mesmo. Partindo da ideia de que pensar é uma habilidade natural de todos os seres humanos, estimamos que a primeira proposição "aprender a pensar" se refere ao sentido de desenvolvimento e aperfeiçoamento desta habilidade natural, ou seja, "pensar bem". A segunda, "pensar por si mesmo", sugere a ideia de autonomia, conforme nos explicam os professores Splitter e Sharp:

> A expressão "pensar por si mesmo" sugere o pensar que é autônomo e independente (em oposição ao controlado e dependente). Uma pessoa que pensa por si mesma é, num sentido importante, livre. Ela é capaz de refletir sobre sua própria situação no mundo. Está preparada para reavaliar seus valores e compromissos mais profundos, e mesmo a sua própria identidade (SPLITTER; SHARP, 1999, 132).

O objetivo central do projeto de Lipman é o aprimoramento do pensamento das crianças e dos jovens através da investigação filosófica. O pensar melhor implica, segundo Lipman, necessariamente ensinar a raciocinar, uma vez que, conforme o professor, existe uma necessidade de compensar as deficiências de raciocínio provocadas pela educação tradicional, baseadas na transmissão das informações prontas e acabadas, na autoridade do professor e na passividade dos estudantes. É preciso uma mudança de paradigma da educação tradicional para uma educação do pensar, em que, a partir da investigação e do diálogo, os estudantes sejam capazes de raciocinar, investigar, interpretar, conceituar e, assim, possam conquistar um pensamento de ordem superior (LIPMAN, 1995).

O pensar bem do qual fala Lipman, é um "pensar de ordem superior" que, segundo o professor, apresenta as seguintes características: é um pensamento conceitualmente rico, coerentemente organizado e persistentemente investigativo (LIPMAN, 1995). O professor pondera que o pensamento de ordem superior não se relaciona apenas com o pensamento crítico, mas é a fusão dos pensamentos crítico e criativo, uma vez que se manifesta quando:

> os aspectos críticos e criativos sustentam e reforçam um ao outro, como no caso onde o pensador crítico inventa novos critérios, ou quando o pensador criativo dá uma nova orientação a um costume ou tradição artística. E o pensamento de ordem superior inclui o pensamento flexível e rico em recursos. Rico em recursos no sentido de que ele tem ideia de onde procurar os recursos de que necessita, e flexível no sentido de que é capaz de movimentar-se livremente dispondo desses recursos a fim de que sejam totalmente eficazes (LIPMAN, 1995, 38).

O pensamento excelente, que se manifesta no pensamento de ordem superior, inclui um terceiro elemento, que é o pensamento complexo, caracterizado por ser um pensamento que está ciente de suas próprias suposições e implicações e, também, "está preparado para reconhecer os fatores que são responsáveis pelas tendências, preconceitos e autoilusões" (LIPMAN, 1995, 42). Aprender a pensar por si mesmo é, portanto, a aquisição de um conjunto de competências e habilidades que, na perspectiva de Lipman, estão, fundamentalmente, relacionadas à lógica, uma vez que a excelência do pensar supõe e exige a excelência do raciocinar. Neste sentido, o "pensar melhor em sala de aula significa, basicamente, pensar melhor através da linguagem e isto implica na necessidade de ensinar a raciocinar" (LIPMAN, 1995, 46). As habilidades cognitivas, necessárias para o pensar de ordem superior, são agrupadas por Lipman em quatro grupos: raciocinar, investigar, conceituar e interpretar (LIPMAN, 1995).

1.4. A metodologia da Filosofia para Crianças

O método proposto por Matthew Lipman para a aula de Filosofia para Crianças é a Comunidade de Investigação. Considerando que o tema será desenvolvido no capítulo dois deste livro, no momento nos ocuparemos, principalmente, dos procedimentos didáticos de seu método.

O material didático para a aula de filosofia, segundo o programa proposto por Matthew Lipman, consiste, basicamente, em dois livros. O primeiro livro é o do estudante, uma história, novela ou romance. Essa história, dividida em episódios, tem como personagens crianças supostamente com a mesma idade das quais se dirige o programa. Os temas, questões, problemas e habilidades cognitivas contempladas ao longo das histórias buscam estar em acordo com o estágio de desenvolvimento cognitivo dos alunos. Segundo Lipman, os temas, problemas e habilidades de cada programa são tomados por alguns filósofos, isto é, da história da filosofia, apesar de não haver uma referência direta e explícita aos seus nomes, às teorias ou correntes filosóficas abordadas. O interesse do método não é a aprendizagem de teorias ou doutrinas, mas a vivência desses temas e problemas e, em especial, as habilidades, tais como: raciocinar, argumentar, interpretar e conceituar. Afirmam os professores:

> Para que as crianças aprendam a manejar as ideias e não só rótulos, não se mencionam os nomes dos filósofos no programa de filosofia para crianças (embora, certamente, suas ideias sejam apresentadas) e será melhor que o professor não mencione esses nomes na sala de aula. No devido tempo, as crianças descobrirão de quem eram, originalmente, essas ideias, mas isso só deve acontecer após terem verdadeiramente trabalhado com ideias tentando dar sentido à sua experiência, tentando ampliar seus próprios horizontes e, assim, chegar a compreender a si mesmas e aos outros, de uma maneira mais ampla (LIPMAN; SHARP; OSCANYAN, 1994, 119).

O segundo, é o manual do professor. É o material de apoio ao docente que acompanha as novelas filosóficas. Cada episódio é devidamente desenvolvido a partir dos temas, problemas e habilidades intencionalmente colocados (referidos, mencionados, abordados, diluídos) na história. Os manuais são estruturados em formas de perguntas, exercícios e planos de discussão relativos aos temas, problemas e habilidades que estão nas histórias e que, muitas vezes, não são percebidos pelas crianças e até mesmo pelo professor. Neste sentido, o propósito do material de apoio ao professor é evitar que questões, temas e habilidades fundamentais não sejam trabalhados e desenvolvidos. De toda forma, as perguntas, os exercícios e planos de discussão são apenas propostas que buscam possibilitar o filosofar em sala de aula.

A seguir, apresento uma descrição geral dos currículos de Filosofia para Crianças e, a título de exemplo, um episódio de uma novela com as propostas de trabalho do manual para uma visualização geral do programa. Antes, porém, farei uma breve indicação de como funciona na prática uma aula segundo a Filosofia para Crianças. Todos os dados são intencionalmente pensados e tem um propósito pedagógico, como no exemplo: as crianças e o professor sentam em círculo. São várias as implicações pedagógicas da arquitetura do círculo, como, por exemplo: quebra da ideia de hierarquia e a visão (percepção) se faz frente a frente, isto é, a partir da visão do rosto do outro. Os procedimentos didáticos são, em geral, os seguintes:

1) sentados em círculo;
2) leitura do episódio (ou parte) pelos alunos, deve ser em voz alta e compartilhada por todos;
3) após a leitura, são indicadas as passagens, temas, questões e percepções que chamaram a atenção dos estudantes (levantamento de temas e problemas para a discussão);
4) todas as questões devem ser devidamente anotadas pelo professor e, de preferência, com o nome (autoria) do aluno;
5) a partir dessas questões, inicia-se um debate com a participação de todos.

O professor tem como tarefa cuidar para que as prerrogativas da "comunidade de investigação" sejam respeitadas, não cabe a ele responder, explicar ou fazer a conclusão dos temas e questões desenvolvidas. Nesta etapa, o professor pode fazer uso de temas, perguntas e exercícios propostos no manual. E, por fim:

6) não é necessariamente uma prerrogativa chegar a uma resposta ou conclusão sobre o tema/problema investigado, recomenda-se que se faça uma avaliação ao final de cada aula.

Os conteúdos de Filosofia para Crianças abrangem, além do cotidiano das crianças, as áreas de conhecimento da filosofia, como a lógica, estética, metafísica, ética, filosofia social e política, antropologia, filosofia da ciência etc. Os conteúdos são "diluídos", isto é, espalhados no material didático do programa. Apresentaremos a seguir uma resenha geral dos currículos de cada faixa etária, de acordo com a exposição dos professores Walter e Ana Miriam (KOHAN; WUENSCH, 1999, 87).

Para a idade de 3 a 5 anos
1. Novela filosófica: *Hospital de bonecos*; *O carteiro Simpático*; *Alice é meu nome*; *Rebeca*.
2. Ano de publicação: 1989-1996.
3. Manual: *Dando sentido ao meu mundo*; *O carteiro Simpático*; *Alice é meu nome*; *Rebeca*; *Preparando-se para filosofar*.
4. Área da filosofia: Antropologia filosófica; Procedimentos da investigação filosófica em comunidade.

Para a idade de 6 a 7 anos
1. Novela filosófica: *Elfi*.
2. Ano de publicação: 1988.

3. Manual: *Pondo juntos nossos pensamentos*; *Preparando-se para filosofar*.
   4. Área da filosofia: Antropologia filosófica; Procedimentos da investigação filosófica em comunidade.

Para a idade de 7 a 8 anos
   1. Novela filosófica: *Issao e Guga*.
   2. Ano de publicação: 1982-1986.
   3. Manual: *Surpreendendo-se diante do mundo*.
   4. Área da filosofia: Filosofia da natureza; Teoria do conhecimento.

Para a idade de 9 a 10 anos
   1. Novela filosófica: *Pimpa*.
   2. Ano de publicação: 1981.
   3. Manual: *Em busca do sentido*.
   4. Área da filosofia: Filosofia da linguagem; Metafísica.

Para a idade de 9 a 10 anos
   1. Novela filosófica: *Nous*.
   2. Ano de publicação: 1996.
   3. Manual: *Decidindo o que fazer*.
   4. Área da filosofia: Filosofia da linguagem; Metafísica.

Para a idade de 11 a 13 anos
   1. Novela filosófica: *A descoberta de Ari dos Telles*.
   2. Ano de publicação: 1974-1982.
   3. Manual: *Investigação filosófica*.
   4. Área da filosofia: Lógica e Teoria do conhecimento; Filosofia da educação.

Para a idade de 12 a 15 anos
 1. Novela filosófica: *Luísa*
 2. Ano de publicação: 1976-1983
 3. Manual: *Investigação ética.*
 4. Área da filosofia: Ética.

Para a idade de 13 a 17 anos
 1. Novela filosófica: *Satie.*
 2. Ano de publicação: 1978.
 3. Manual: *Investigação estética.*
 4. Área da filosofia: Estética.

Para a idade de 13 a 17 anos
 1. Novela filosófica: *Marcos.*
 2. Ano de publicação: 1980.
 3. Manual: *Investigação social.*
 4. Área da filosofia: Filosofia social e política.

O livro-texto do professor (Manual) de cada programa tem uma listagem das principais ideias de cada episódio (capítulo) da novela correspondente e um conjunto de atividades para desenvolvê-las. A título de visualização e exemplificação vejamos como um destes episódios está estruturado. A partir das 30 primeiras linhas do capítulo 9 do currículo para estudantes entre 11 e 13 anos, A *descoberta de Ari dos Telles* (LIPMAN, 1988).

> Daniel não queria que o vissem chorar, mas as lágrimas não paravam de escorrer, e os olhos estavam vermelhos e inchados. Estava esperando para falar com o seu Peixoto, o diretor.

Naquela manhã, na aula de música, negara-se a cantar de pé, com os colegas, o Hino Nacional, durante o ensaio para a comemoração do feriado na semana seguinte. Daniel não estava sentindo-se mal: simplesmente recusara-se a fazer aquilo. E foi incapaz de explicar a razão. O professor acabou mandando que ele fosse conversar com o diretor.

Já estava esperando há quase meia hora — que meia hora terrível! —, quando o seu Peixoto mandou que ele entrasse.

— E então, Daniel, que foi que houve? — Perguntou amavelmente o diretor.

Daniel acalmou-se e enxugou os olhos com as costas das mãos e, ainda fungando, desabafou:

— Eu não podia, seu Peixoto... Não podia mesmo! Meus pais me disseram que eu não devia.

— Seus pais? — Perguntou seu Peixoto, agora com alguma gravidade. — Por que eles não querem que você cante o Hino Nacional?

— É a religião deles... quer dizer, a nossa religião. Ontem mesmo, meu pai me mostrou isso na Bíblia, no capítulo XX do Êxodo: a Bíblia proíbe a idolatria.

— E você sabe o que quer dizer idolatria?

— Eu perguntei para o meu pai, e ele disse que idolatrar é "venerar imagens". Aí me mostrou onde é que isso estava escrito: "Não terás outros deuses diante de mim".

— Mas Daniel — disse, amável, o diretor —, O Hino nacional não é nenhuma imagem. É um símbolo. Como a bandeira, o Hino é um símbolo da Pátria. E ficar de pé ao cantar o Hino não é a mesma coisa que venerar um deus ou a imagem de um deus. É apenas um gesto de respeito por aquilo que o Hino representa (LIPMAN, 1990, 3-4).

O manual está estruturado da seguinte forma (a partir do capítulo em questão):

1. Elenca uma série de "ideias principais";
2. Faz diversas perguntas;
3. De cada ideia principal adota o seguinte procedimento:
   — faz um pequeno comentário;
   — propõe um plano de discussão (perguntas específicas do tema em pauta);
   — apresenta um plano de exercícios.

No caso do episódio nove, foram apresentadas dez ideias principais e dezenove perguntas. A título de demonstração, tomaremos a ideia principal, de número oito[1], assim formulada: "8 — Como podemos incentivar as crianças a pensarem por si mesmas?" (LIPMAN, 1988, 5). Em relação ao comentário geral a respeito da ideia em questão, o autor retoma parte do diálogo da novela em que Ari diz a seu Peixoto que as crianças precisam ser livres para pensarem por si mesmas e reafirma a ideia de que "pensar por si mesmo" é um tema fundamental do programa de filosofia para crianças e que se repete várias vezes como ideia principal (LIPMAN, 1988, 18).

Exercício: pensar por si mesmo[2]

Questão: risque, eliminando a(s) alternativa(s) inadequada(s). Justifique a sua resposta: foram apresentados 5 blocos de exercícios. Apresentaremos, a título de exemplo, o número 3:

---

1. A escolha foi intencional, uma vez que o tema da ideia foi objeto de estudo do subitem anterior.

2. LIPMAN, Matthew. *A Descoberta de Ari dos Teles*. Manual do Professor (vol. 2). São Paulo: Difusão Nacional do Livro. 1988, 19.

3. você pergunta aos seus pais que profissão você deve escolher quando crescer e eles lhes dizem: "pense por si mesmo!" Você deve:

- tentar descobrir o que eles realmente querem dizer com isso;
- perguntar para seus amigos o que eles querem ser e então planejar fazer a mesma coisa;
- perguntar a você mesmo que tipo de profissão faria você feliz;
- tentar encontrar uma resposta na enciclopédia.

Plano de discussão: pensar por si mesmo (os nomes abaixo são os personagens da novela, estudantes e colegas de Ari)

1. Daniel pensa por si mesmo?
2. Ari pensa por si mesmo?
3. Toninho pensa por si mesmo?
4. Maria pensa por si mesma?
5. Marinho pensa por si mesmo?

2

Filosofia com crianças segundo a Investigação Dialógica

2.1. Considerações iniciais

O primeiro capítulo buscou apresentar, em linhas gerais, a Filosofia para Crianças segundo o seu criador, Matthew Lipman. A partir deste segundo capítulo passo a apresentar a proposta de Filosofia com Crianças segundo o "Pensando Bem..." — Núcleo de Pesquisa em Filosofia e Educação do Departamento de Filosofia da Universidade Federal de Juiz de Fora.

Saliento que até então usava a expressão "Filosofia para Crianças", própria do programa, tal como proposto pelo seu autor. A partir de agora, ao me referir à proposta da Investigação Dialógica, usarei a expressão "Filosofia com Crianças". Não se trata apenas de uma da mudança das preposições "para" e "com", por um mero capricho, ou porque é mais bonita, expressiva etc. O que quero expressar com a substituição da preposição "para" pela preposição "com" é uma mudança substantiva de caráter pedagógico, epistemológico e político, conforme observo no conjunto do texto, no entanto, adianto indicando para tal perspectiva de mudanças os princípios que pautam a proposta, uma vez que tais princípios estão desenvolvidos nas próximas páginas. Agora, vejamos:

— Na perspectiva da Investigação Dialógica não é possível um programa de educação universal.
— Escola é um local de ações com "intencionalidade educativa".
— Escola não é "Casa da mãe Joana", ou seja, uma instituição que não tem nenhuma regra, princípio, ideologia.
— Escola é um local de ações prioritariamente coletivas.

Sendo fiel aos princípios acima indicados, um programa de uma disciplina não é algo *a priori* justificado ou algo que se justifica por si mesmo. Todas as ações empreendidas pela escola, desde a festa junina, os programas das disciplinas, as atividades extras classes etc. devem ser fundamentadas e justificadas. Sugiro que essas ações, incluindo a proposição de programa de disciplina, sejam planejadas em forma de "propostas pedagógicas"[1].

---

1. Faço uma distinção entre Projeto Político-Pedagógico e Proposta Pedagógica. O *Projeto Político-Pedagógico* é o documento principal de qualquer instituição de educação e tem como finalidade a politização pedagógica dos profissionais da educação, educandos e comunidade, mediante quatro pilares fundamentais: a) um conhecimento profundo da instituição quanto às suas capacidades humanas e materiais; b) a construção coletiva de uma visão de mundo, sociedade, ser humano e comunidade local; c) uma fundamentação pedagógica dos objetivos, conteúdos, metodologias e avaliações educacionais; e d) a construção,

A proposição que irei apresentar é denominada de "Investigação Dialógica". Em um sentido amplo é uma "pedagogia" de fazer educação; em sentido específico é uma metodologia de docência de filosofia.

2.2. O Programa de Filosofia para Crianças e suas contribuições à Investigação Dialógica

Matthew Lipman foi o pioneiro em colocar em pauta o problema da necessidade e possibilidade de as crianças fazerem filosofia. Levantou o problema e se aliou a vários colaboradores no sentido de solucioná-lo. O que fizeram com muita seriedade e, sobretudo, com muito trabalho: a proposição de um Programa de Filosofia para Crianças, extensivo a toda a educação básica. Entretanto, esse não é um programa perfeito e sem lacunas.

Concordo com o professor Walter Kohan em relação aos méritos de Matthew Lipman, a quem posso chamar de o "pai" da Filosofia para Crianças. O professor Walter afirma que

> o valor fundante desta iniciativa é inquestionável. Lipman abriu caminhos inexplorados durante séculos. Pela primeira vez, as crianças têm ao seu alcance os dispositivos, ferramentas e métodos da filosofia. Se a filosofia cultiva a curiosidade, a

---

mediante uma decisão ético-política, de opções político-pedagógicas factíveis e com validade intersubjetiva. Todo este processo, sistematizado e descrito de forma simples e objetiva para que possa ser compreendido por todos, constituirá o documento de identidade da instituição. A *Proposta Pedagógica* são todas as ações empreendidas pela escola para a realização e a concretização do Projeto Político-Pedagógico.

> coragem, a persistência e a abertura intelectuais, a criatividade, a crítica aos valores, ideias e crenças dominantes, o diálogo e a deliberação como modo de fazer face aos problemas, o respeito à diferença, as crianças terão boas possibilidades de usufruir de uma relação mais complexa e reflexiva com as práticas e os saberes sociais — incluída a própria filosofia — que os perpassam e os fundam (KOHAN; WUENSCH, 1999, 132).

Diversas são as contribuições de Matthew Lipman no que diz respeito à Investigação Dialógica, começando por sua ousadia em pensar algo que ninguém ousou durante séculos: pensar e tornar possível a Filosofia para Crianças. Aprendo com Lipman a fazer filosofia com crianças e reconhecer o problema da relação filosofia e criança.

Os princípios pedagógicos e educativos da Investigação Dialógica são o diálogo e a investigação, compreendidos na mesma perspectiva de Matthew Lipman, o que significa dizer que há convergências destes princípios entre os métodos em questão: a Filosofia para Crianças e a Investigação Dialógica. Aprendemos com Lipman a fazer educação filosófica mediante o diálogo e a investigação, estimo que esta é, também, uma das influências mais importantes que recebo da Filosofia para Crianças na formulação de nossa proposta.

Não significa dizer, no entanto, que a Investigação Dialógica tem apenas Lipman como o seu referencial. Sócrates, Merleau-Ponty e Paulo Freire são, também, referências fundamentais para a Investigação Dialógica, apenas para falar dos mais importantes. Os textos *Sócrates e o Ensino de Filosofia. Investigação Dialógica. Uma pedagogia para docência de filosofia* (SOFISTE, 2007) e *Freire e Lipman. Possibilidades e limites de uma aproximação* (SOFISTE, 2010) são referências que demonstram as contribuições dos referidos autores à Investigação Dialógica.

Uma terceira aprendizagem se refere à diferenciação entre o que defino como cultura filosófica ou, em outras palavras, os saberes historicamente constituídos de filosofia (teoria) e o aspecto da atitude do filosofar, a vivência da filosofia (prática). Aprendemos com Lipman a delimitar, relacionar e estar mais atentos a esses dois campos: o da cultura filosófica e o da atitude filosófica. O que digo é que aprendemos com a Filosofia para Crianças a reconhecer o problema do filosofar, isto é, o tema tornou-se, para nós, problemático. No entanto, concordo com Kohan, para quem o programa tem uma série de limitações (KOHAN, 2008), perspectiva que não nos interessa no momento. Ressalto apenas que nos projetos experimentais que desenvolvo com a Filosofia para Crianças, segundo a proposta de Lipman[2], o programa demonstrou ser altamente promissor, no entanto, alguns aspectos se revelaram deficitários, tais como:

a) o descompasso social e cultural entre as realidades dos personagens das novelas (*Issao* e *Guga*) e os alunos de

---

2. *Filosofia no 2º grau*. Diagnóstico e propostas de ação, registro n. 019184/95-60; pesquisa e ensino — Programa de Aulas Experimentais, registro n. 18239/96-03; pesquisa e ensino — Programa de Treinamento Profissional — Filosofia para Crianças, registro n. 233071016099/96-67; pesquisa — Leitura Latino-americana do Programa de Filosofia para Crianças: Freire e Lipman, registro n. 14481/97-90. Especificamente, o primeiro trabalho que fiz com a Filosofia para Crianças com a metodologia de Matthew Lipman foi com a novela *Issao e Guga*, com as séries iniciais do ensino fundamental na escola municipal Álvaro Braga, em Juiz de fora, Minas Gerais, a partir do ano de 1997.

uma escola pública municipal da periferia de Juiz de Fora, Minas Gerais;
b) a novela se demonstrou cansativa para as crianças; de início houve a curiosidade em saber o fim da história e, logo em seguida, o desinteresse pelo fato de saberem o desfecho da história;
c) as perguntas e os exercícios do manual apresentaram-se por demais longas, cansativas, repetitivas e um pouco mecanizadas (a lógica, aspecto muito enfatizado pelo Programa);
d) a falta de referência direta (contato) com a cultura filosófica e até mesmo com os nomes dos filósofos.

2.3. Princípios pedagógicos e metodológicos da Investigação Dialógica

2.3.1. Considerações iniciais

A Investigação Dialógica é um método que visa a aprendizagem e a apropriação do filosofar. Os seus princípios pedagógicos, educativos e metodológicos são o diálogo e a investigação. O que coloco em questão é o filosofar, entendido como uma atitude a ser motivada, possibilitada, incentivada, desenvolvida junto aos estudantes. O problema de base é, portanto, a aprendizagem de atitudes e a pergunta de partida é: como se aprende atitudes?

Resumidamente, faço as seguintes indicações a propósito da aprendizagem e apropriação de atitudes, no caso, a do filosofar:

a) na aprendizagem de atitudes não basta apenas o trato dos conteúdos conceituais;
b) na aprendizagem de atitudes não basta a abordagem dos conteúdos de forma narrativa, expositiva, transmissiva como, em geral, é ainda regra;
c) a aprendizagem de atitudes envolve, sem dicotomias, os três níveis de conteúdos (conceituais, procedimentais e atitudinais);
d) na aprendizagem de atitudes, quem aprende é o corpo, portanto, aprender não é um processo de colocar na mente, mas algo que deve ser "vivenciado" pelo aprendiz na sua totalidade;
e) considerando que atitude é ação, ou melhor, é o modo de agir e proceder, a sua aprendizagem exige um estudante protagonista e não meramente um aluno que escuta, copia matéria e faz prova, como é, ainda, muito comum.

Diante das demandas da aprendizagem de atitudes, perguntamos: quais são os princípios pedagógicos, educativos e metodológicos capazes de responder a estas exigências? A minha perspectiva é a de que a Investigação Dialógica contempla e atende os requisitos dessa aprendizagem. É neste sentido que o diálogo e a investigação são tomados como princípios educativos, ou seja, como recursos, meios ou ferramentas para o desenvolvimento da atitude de filosofar. Assim considerado, passaremos a uma tematização desses princípios, retomando as ideias de Matthew Lipman, uma vez que, em seu programa de Filosofia para Crianças, o diálogo e a investigação são entendidos nessa perspectiva, ou seja, como princípios educativo e metodológico.

2.3.2. A investigação como princípio pedagógico e metodológico

Matthew Lipman está convencido de que a educação deveria ser um processo de investigação e não apenas a aprendizagem dos resultados das pesquisas científicas (LIPMAN, 1995). Assim como os cientistas empregam a metodologia e os procedimentos científicos para a exploração de situações problemáticas, também deveriam ser as atitudes dos estudantes que quisessem aprender a pensar por si mesmos. A proposta de Lipman, segundo o próprio autor, inspirada em Dewey, é a de que "o processo educativo na sala de aula deveria tomar como modelo o processo de investigação científica" (LIPMAN, 1995, 31).

O método para a consolidação de uma educação, entendida ou fundada na investigação, formulado por Lipman e seus colaboradores, é a "Comunidade de Investigação". Segundo o autor, a expressão é de Charles Sanders Peirce, originalmente restrita ao campo da pesquisa científica. O termo, no entanto, foi ampliado a fim de se pensar em qualquer tipo de investigação, científica ou não. Podemos, afirma Lipman, falar em "converter a sala de aula em uma comunidade de investigação" em que:

> Os alunos dividem opiniões com respeito, desenvolvem questões a partir das ideias de outros, desafiam-se entre si para fornecer razões a opiniões até então não apoiadas, auxiliam uns aos outros ao fazer inferências daquilo que foi afirmado e buscam identificar as suposições de cada um. Uma comunidade de investigação tenta acompanhar a investigação pelo caminho que esta conduz ao invés de ser limitada pelas linhas divisórias das disciplinas existentes (LIPMAN, 1995, 31).

A pesquisadora canadense Marie-France Daniel, no livro *A Filosofia e as Crianças* (2000), prefaciado pelo próprio Matthew Lipman, fala da comunidade de investigação como sendo aquilo que constitui a essência e o coração da concepção de Lipman sobre a filosofia. Pergunta a pesquisadora: "mas o que é uma comunidade de investigação infantil?", respondendo que

> A comunidade de investigação é uma técnica de grupo que proporciona o desenvolvimento individual na medida em que faz que a criança tome consciência de suas potencialidades. Em geral, temos pouca ou nenhuma consciência do número de ideias sobre as quais o nosso espírito trabalha incessantemente: nosso pensamento age espontaneamente, sem que nos demoremos a analisar, em aprofundar ou em precisar o seu conteúdo. Ora, a comunidade filosófica facilita essa investigação e essa descoberta de ideias lógicas, razoáveis e pessoais (DANIEL, 2000, 125).

Há, na perspectiva da autora, uma relação intrínseca entre a filosofia (e o filosofar) e a comunidade de investigação, em suma, o meio para se filosofar é a comunidade de investigação. Sem a comunidade investigativa não há o filosofar e, por outro lado, sem o filosofar a comunidade não se constitui. Pode-se afirmar, assim, que um dos principais objetivos da Filosofia para Crianças é transformar a sala de aula em uma comunidade de investigação. Conforme a afirmação dos sistematizadores do programa:

> Quando as crianças são incentivadas a pensar filosoficamente, a sala de aula se transforma numa comunidade de investigação, a qual possui um compromisso com os procedimentos da investigação, com a busca responsável das técnicas que

pressupõem uma abertura para a evidência e para a razão. Pressupõe-se que esses procedimentos da comunidade, quando internalizados, transformam-se em hábitos reflexivos do indivíduo" (LIPMAN; SHARP; OSCANYAN, 1994, 72).

As exigências para se estabelecer uma comunidade de investigação não se resume na ideia de um ambiente aberto, certas condições mais substantivas são essenciais, tais como: "a prontidão para a razão, o respeito mútuo (das crianças entre si e das crianças e professores entre si) e ausência de doutrinação" (LIPMAN; SHARP; OSCANYAN, 1994, 72). No entendimento dos autores, essas condições são intrínsecas à própria filosofia, são, por assim dizer, da própria natureza da filosofia. Assim, não é nenhuma surpresa que a sala de aula se transforme em uma comunidade de investigação sempre que a reflexão filosófica é efetivamente estimulada (LIPMAN; SHARP; OSCANYAN, 1994).

Na perspectiva da Filosofia para Crianças, não existe uma igualdade de posição entre o professor e os estudantes, mas a autoridade do docente remonta aos princípios, técnicas e procedimentos da investigação. O professor deve estimular os estudantes a explicarem seus pontos de vista, a expor os seus fundamentos. Deve evitar a todo custo o direcionamento do pensamento das crianças, bem como manipular a discussão impondo suas convicções pessoais (LIPMAN; SHARP; OSCANYAN, 1994, 73).

Ann M. Sharp, no artigo *Algumas pressuposições da noção de comunidade de investigação* (1995)[3], afirma que, ao visitar um

---

3. Texto disponível em: <https://marcioewald.wordpress.com/2010/04/11/algumas-pressuposicoes-da-nocao-comunidade-de-investigacao/>. [N. do E.]

curso para professores de Filosofia para Crianças, dirigido por dois orientadores do *Institute for the Advancement of Philosophy for Children*, assim que chegou, um dos participantes afirmara que o grupo havia atingido o objetivo, eles agora eram uma verdadeira comunidade de investigação. O cursista alegou que havia dado trabalho, mas que haviam chegado ao objetivo. Sharp nos lembra que eles estavam reunidos havia sete dias. O que poderia sugerir um ambiente de satisfação e alegria, afinal, se o ideal para se fazer Filosofia para Crianças é a prática da comunidade de investigação e, diante da afirmação tão convincente de que o grupo já tinha atingido tal meta, em tese, os motivos eram de comemoração, contudo a professora nos relata que o seu sentimento foi de desgosto:

> Lembro-me claramente que naquele momento senti uma pontada de desgosto, não com a pessoa, mas com o que ela disse. No entanto, não falei nada. Mais tarde, ao refletir, perguntei a mim mesma porque havia sentido aquilo. Por que havia tido aquela reação tão forte? Eu mesma havia dito àqueles professores, no livro *Filosofia na sala de aula*, que um dos principais objetivos de fazer filosofia com crianças no 1º grau era, justamente, transformar as salas de aula em comunidades de investigação. Além disso, eu mesma afirmei que tal meta não seria atingida a não ser que os próprios professores vivenciassem o que seria participar de tal comunidade (SHARP, 1995, 5-15).

A professora relata que o motivo de seu desgosto talvez se referisse ao fato de que ela própria não estivesse totalmente certa do que é uma comunidade de investigação. Uma vez que a aprendizagem do que seja uma comunidade de investigação em toda a sua dimensão é um processo contínuo, deve-se estar atento ao aperfeiçoamento da própria investigação, na sua relação com os problemas em discussão. Neste sentido, afirma:

> Talvez vivamos certas experiências que sabemos serem genuínas e as reconhecemos como tal quando as vivenciamos, embora não possamos descrevê-las ou explicá-las com palavras. Há, no entanto, algo a respeito da noção de *comunidade de investigação*, seja ela colocada como a meta do bom ensino ou descrita como experiência vivenciada, que exige análise e esclarecimento dos critérios identificadores. Sua própria natureza exige, ao menos, uma tentativa de uma descrição cuidadosa do processo. Senão, como se saberia que a está vivenciando? Ou, como um professor saberia quando, finalmente, transformou uma classe em comunidade de investigação? (SHARP, 1995, 5-15)

Apesar da dificuldade de se descrever todas as características da comunidade de investigação, "é verdade que podemos identificar com precisão alguns comportamentos que indicariam que um aluno estivesse vivenciando o que é participar de uma comunidade de investigação" (SHARP, 1995, 5-15) que, segundo a professora Sharp, são as seguintes:

— aceitar, com boa vontade, a correção feita pelos colegas;
— ser capaz de ouvir atentamente os outros;
— ser capaz de considerar, seriamente, as ideias dos demais;
— ser capaz de construir sobre as ideias dos colegas;
— ser capaz de desenvolver suas próprias ideias sem medo de rejeição ou de humilhação;
— ser aberto a novas ideias;
— ser capaz de detectar pressuposições;

— demonstrar preocupação com a consistência ao apresentar um ponto de vista;
— fazer perguntas relevantes;
— verbalizar relações entre meios e fins;
— mostrar respeito pelas pessoas da comunidade;
— mostrar sensibilidade ao contexto ao discutir conduta moral;
— exigir que os colegas deem suas razões;
— discutir questões com objetividade;
— exigir critérios (SHARP, 1995, 5-15).

A partir do entendimento de que a investigação é uma prática autocrítica e autocorretiva, bem como totalmente exploratória e questionadora, Lipman destaca alguns pontos relevantes da comunidade de investigação:

> Em primeiro lugar, acredito que é necessário percebermos que a comunidade de investigação não é algo sem objetivos. É um processo que objetiva obter um produto (...). Em segundo lugar, o processo possui um sentido de direção; movimenta-se para onde o argumento conduz. Em terceiro, o processo não é meramente uma conversação ou discussão; é dialógico. Isto significa que possui uma estrutura. Do mesmo modo que o debate parlamentar é orientado por normas parlamentares de ordem, também a investigação possui suas normas de processamento cuja natureza, na sua maior parte, é a lógica. Em quarto, precisamos considerar um pouco mais atentamente como a criatividade e a racionalidade se aplicam à comunidade de investigação. E, finalmente, há a questão de utilizar a comunidade de investigação para operacionalizar e implementar as definições do pensar crítico e criativo (LIPMAN, 1995, 331-332).

Não existe, portanto, um saber pronto a ser transmitido ao estudante, o que se precisa é reconhecer que a educação é um intercâmbio de ideias, que é conversação, que, em outras palavras, pertence ao universo do diálogo (LIPMAN, 1995). Neste sentido, a indicação de Lipman é a de que devemos seguir o argumento para onde ele nos conduz, apesar de reconhecer que a questão é intrigante, conforme a afirmação de que "a ideia de seguir o argumento para onde este conduzir é uma questão intrigante desde que Sócrates a anunciou como a orientação máxima da sua própria prática filosófica" (LIPMAN, 1995, 333). A pergunta é, portanto, a seguinte: as discussões chegam a uma conclusão? A ideia de Lipman é a de que não devemos confundir as conclusões e respostas das discussões com as várias mudanças, com os produtos que elas possibilitam às crianças, isto é, se estão preocupadas ou insatisfeitas se obtiveram ou não respostas e conclusões de suas discussões. Afirma Lipman que:

> Ao contrário dos adultos, [as crianças] não buscam insistentemente por respostas ou conclusões; ao contrário, buscam o tipo de transformação que a filosofia fornece — não de dar uma resposta nova para uma pergunta antiga, porém transformando todas as perguntas (LIPMAN, 1995, 335).

E, por fim, o professor apresenta o que ele denomina como sendo os estágios para a formação de comunidades de investigação em sala de aula (LIPMAN, 1995). Abaixo, exponho os cinco estágios propostos e um comentário geral das implicações de cada um.

O primeiro estágio é a *apresentação do texto*, o procedimento didático padrão da Filosofia para Crianças: o trabalho com o texto, ou melhor, as novelas filosóficas que, conforme os seus formuladores, já são em si mesmas um modelo a ser seguido nas aulas. O segundo é a *elaboração da agenda*, é a partir do trabalho com o texto que se levantam e se apresentam as perguntas suscitadas após sua leitura. A ideia de agenda é uma ordenação dessas interrogações e, através dela, se formam os caminhos para o início e desenvolvimento das discussões. O terceiro é o *fortalecendo da comunidade*. Esse momento representa o desenvolvimento propriamente dito da investigação. É, conforme a afirmação, "o grupo trabalhando coletivamente, seguindo o argumento para onde este conduz" (LIPMAN, 1995, 351). O quarto estágio é a *utilização de exercícios e planos de discussões*. As novelas filosóficas são acompanhadas a partir do manual do professor, que consiste, em geral, em um conjunto de questões propostas para o aprofundamento dos temas e problemas que os textos das novelas suscitam. Por último, o quinto é *estimular respostas adicionais*. Trata-se de uma indicação que tem como objetivo o enriquecimento da própria comunidade investigativa. Sugere-se que estas respostas podem ser apresentadas em forma de histórias, poesia, pintura, desenhos etc. (LIPMAN, 1995).

2.3.3. O diálogo como princípio pedagógico e metodológico

Se a Comunidade de Investigação é o que possibilita o filosofar, o diálogo é o que torna possível a Comunidade de Investigação. O diálogo é, assim, a substância da proposta de uma educação para o pensar, isto é, da Filosofia para Crianças. Considerando a influência de Martin Buber (KOHAN, 2008;

LIPMAN, 1995) na concepção de diálogo de Lipman, farei uma breve indicação sobre o diálogo em Buber.

Para o filósofo do diálogo, o homem é substantivamente um ser de relações, para confirmar-se como pessoa é preciso pronunciar-se, ou melhor dizendo, entrar em relação com os outros mediante o diálogo. O dialógico é o desdobramento do "e" que se encontra interposto entre Eu e Tu (BUBER, 2006). Observa-se que a partícula interposta é o "e" e não o "ou". Trata-se da afirmação, aproximação, inclusão, "mistura" do eu no tu e do tu no eu. Na perspectiva buberiana, Eu e Tu não são dois polos autônomos, opostos e autossuficientes que se buscaria colocar em relação entre si, mas, tal como a epistemologia fenomenológica, não existe oposição, dualidade, autonomia. Não existe um "eu" anterior ao "tu", assim como não existe um "tu" anterior ao "eu". Existe, na expressão de Buber, as palavras-princípio, instauradoras do humano (relação): Eu-Tu, em relação ao homem, e o Eu-Isso, que trata da relação com outro não-humano. O Eu só existe, portanto, em relação ao Tu ou ao Isso. As palavras-princípio não nomeiam coisas, mas modos de relação entre pessoas e o mundo: as palavras-princípio são "eu e tu" e "eu e isso". Dizer tu é dizer eu-tu; dizer ele é dizer eu-ele; dizer eu é dizer eu-tu ou eu-ele. A existência humana se assenta sobre uma ou outras dessas palavras-princípio. Dizer tu é, portanto, abrir-se à relação. Dizer isso é experimentar algo, típico da relação sujeito-objeto (BUBER, 2006).

A relação eu-isso se manifesta, em primeiro lugar, como experiência e possessão de algo, como nas frases: "eu vejo algo", "eu desejo algo". Na relação eu-tu, concernente à relação plena, relação ontológica, se manifesta como encontro: "quem diz tu não possui coisa alguma, não possui nada. Ele permanece em relação" (BUBER, 2006, 44).

A relação eu-tu é direta e imediata. Entre o eu e o tu não se interpõe nenhum jogo de conceitos, nenhuma fórmula, nenhuma imagem prévia. Entre eu e tu não há fim algum, nenhuma avidez ou antecipação; e a própria aspiração se transforma no momento em que passa do sonho à realidade. Todo meio é um obstáculo. Somente na medida em que todos os meios são abolidos é que acontece o encontro (BUBER, 2006). O tu se instaura, portanto, como presença pura. Presença é aquilo que não passa, que aguarda e permanece diante de nós. Por outro lado, o objeto é estagnação, permanência, enrijecimento, desvinculação, não relação, não presença etc. (BUBER, 2006).

"No começo é a relação" (BUBER, 2006, 53). "O homem se torna homem na relação com o tu" (BUBER, 2006, 60). O diálogo é o lugar desse encontro e a palavra é essencialmente dialógica. O prefixo *dia-*, divisão e separação (através de), e *logoi* (palavra, discurso, fala), que formam a palavra "diálogo", supõem a presença de um *entre* unificador e diversificador. A categoria primordial da dialogicidade da palavra é, portanto, o *entre*. O diálogo não está em cada um dos interlocutores, mas na troca que ocorre entre eles.

A condição primeira para que o diálogo aconteça é a abertura dos que falam (palavra dialógica) para um encontro verdadeiro. Essa abertura é a disposição para ouvir, voltar-se para o outro e torná-lo presente, tornando possível o que Buber define como diálogo autêntico. A propósito, ele fala de três espécies de diálogo:

O *autêntico* — não importa se falado ou silencioso — onde cada um dos participantes tem de fato em mente o outro ou os outros na sua presença e no seu modo de ser e a eles se volta com a intenção de estabelecer entre eles e si próprio uma reciprocidade viva; o diálogo *técnico*, que é movido unicamente pela necessidade de um entendimento objetivo; e *monólogo* disfarçado de diálogo, onde dois ou mais homens, reunidos num local, falam, cada um consigo mesmo, por caminhos tortuosos estranhamente entrelaçados e creem ter escapado, contudo, ao tormento de ter que contar apenas com os próprios recursos (BUBER, 2009, 53-54). [Os itálicos são meus]

O diálogo autêntico que supõe uma atmosfera de plena reciprocidade se diferencia, segundo Buber, no debate, de uma conversação e de uma conversa amistosa, conforme definido pelo autor:

Um debate, no qual os pensamentos não são expressos da forma em que existiam na mente mas que, no ato de falar, são tão aguçados que podem acertar o ponto mais sensível e isto sem se considerar os indivíduos com quem se fala como pessoas presentes; *uma conversação*, que não é determinada nem pela necessidade de comunicar algo, nem por aquela de aprender algo, nem de influenciar alguém, nem de entrar em contato com alguém, mas é determinada unicamente pelo desejo de ver confirmada a própria autoconfiança, decifrando no outro a impressão deixada, ou de tê-la reforçada quando vacilante; *uma conversa amistosa*, na qual cada um se vê a si próprio como absoluto e legítimo e ao outro como relativizado e questionável; um colóquio amoroso, em que tanto um parceiro quanto o outro se regozija no esplendor da própria alma e na sua vivência preciosa: que submundo de fantasmas sem rosto! (BUBER, 2009, 54) [Os itálicos são meus]

Feitas essas breves indicações da concepção buberiana de diálogo, passarei a uma exposição geral da compreensão de Lipman e de seus colaboradores sobre o diálogo. Aqui não é uma preocupação a questão das convergências ou não das definições de diálogo em questão. Estima-se, no entanto, que, ao longo das considerações, esses pontos de encontros e desencontros possam ser aflorados.

A exigência fundamental para a instauração da comunidade de investigação, nos termos do Programa de Filosofia para Crianças, é a existência do diálogo autêntico, tal como Buber tematizou, ou seja: "cada um dos participantes tem de fato em mente o outro ou os outros na sua presença e no seu modo de ser e a eles se volta com a intenção de estabelecer entre eles e si próprio uma reciprocidade viva" (BUBER, 2009, 54).

Uma primeira preocupação de Lipman se concentra nas relações entre o diálogo e o pensamento. Existe, segundo o autor, uma certa confusão entre os termos em questão: em primeiro lugar, é muito comum considerar o pensamento como algo particular, interior e, também, como algo misterioso e desconcertante (LIPMAN; SHARP; OSCANYAN, 1994). Em geral, não distinguimos um pensamento melhor de outro pior, bem como não são claros os meios para que possamos melhorá-lo, na relação entre pensamento e diálogo:

> A pressuposição mais comum é de que a reflexão gera o diálogo, quando na realidade é o diálogo que gera a reflexão. Quando as pessoas se envolvem num diálogo, são levadas a refletir, a se concentrar, a levar em conta as alternativas, a ouvir cuidadosamente, a prestar muita atenção às definições e aos significados, a reconhecer alternativas nas quais não

haviam pensando anteriormente e, em geral, a realizar um grande número de atividades mentais nas quais não teriam se envolvido se a conversação não tivesse ocorrido (LIPMAN; SHARP; OSCANYAN, 1994, 44).

A tese é a de que o pensamento é a internalização do diálogo, uma vez que nas discussões dialogadas todos participam e falam daquilo que lhes interessa. Refletem sobre o que eles mesmos disseram e sobre o que não falaram, prestam atenção no que os outros expõem e imaginam o que não falaram e, além disso, os "participantes reproduzem em seus próprios processos de pensamento a estrutura e o progresso da conversação em classe" (LIPMAN; SHARP; OSCANYAN, 1994, 45).

O diálogo é princípio educativo e metodológico, uma vez que, ao internalizá-lo, procedemos a uma série de atos cognitivos que corroboram o desenvolvimento e consolidação do pensar bem, dentre os quais são indicados os seguintes:

> Não apenas reproduzimos a expressão dos pensamentos dos outros participantes, como também argumentamos, em nossas próprias mentes, com respeito a essas opiniões. Além disso, absorvemos do diálogo que ouvimos o modo como as pessoas inferem, identificam pressuposições, exigem razões uma das outras e se envolvem em interações intelectuais críticas. Num diálogo, o raciocínio superficial é atacado e criticado; não se permite que se passe sem ser questionado. Os participantes da discussão desenvolvem atitudes críticas em relação ao que as outras pessoas dizem. Mas essas atitudes críticas voltam a fazer parte da nossa própria reflexão (LIPMAN; SHARP; OSCANYAN, 1994, 45).

Não significa, portanto, que o processo seja tão simples e que todos os tipos de diálogo funcionam como numa comunidade de investigação. Muitas coisas podem acontecer em uma aula de filosofia, tais como:

> As crianças podem dar risadas, não prestar atenção ou começar a falar todas ao mesmo tempo. Mesmo quando falam ordenadamente, podem não estar escutando o que cada um está dizendo, nem tentando elaborar seu pensamento a partir das contribuições das outras pessoas. Enquanto estão interessadas apenas no que têm para dizer, sem levar em conta o desenrolar do diálogo, não podem dizer que estejam participando plenamente de uma comunidade de investigação. Além do mais, enquanto não conseguirem se empenhar para acompanhar o diálogo e fazer uma contribuição que pareça pertinente e significativa, não estarão participando (LIPMAN; SHARP; OSCANYAN, 1994, 45).

A aprendizagem fundamental para a consolidação da comunidade de investigação, que é a condição para o filosofar, é a aprendizagem do diálogo. Reafirmo que um dos indícios para avaliar se a comunidade filosofou é perguntarmos até que ponto a comunidade dialogou, conforme Lipman:

> O autêntico diálogo ocorre somente quando cada um dos participantes realmente tem em mente o outro, ou outros, em sua existência presente e específica e volta-se para estes com a intenção de estabelecer uma relação mútua estimulante entre si e eles (LIPMAN, 1995, 36).

O diálogo é, portanto, diferente de uma conversação. O diálogo tem, conforme a tese aqui proposta, o caráter educativo, ou seja, é um princípio educativo, uma forma de investigação que não pode ser guiada, manipulada em múltiplas direções, é guiado pela lógica, pela argumentação etc. Neste sentido:

> No confronto entre a conversa e o diálogo, uma das coisas que chama a atenção é a maneira como a conversa almeja o equilíbrio, ao passo que o diálogo almeja o desequilíbrio. Na conversa, primeiro uma pessoa predomina e depois a outra; há reciprocidade, porém, sabe-se que não haverá avanços. Uma conversa movimenta-se como uma gangorra entre os protagonistas, porém a conversa em si não se movimenta. No diálogo, por outro lado, o desequilíbrio é provocado a fim de forçar um movimento progressivo (LIPMAN, 1995, 335-336).

A diferenciação entre a conversa e o diálogo pode ser ilustrada mediante uma analogia do diálogo com uma caminhada. Na caminhada nos movimentamos para frente, e quando estamos andando não temos os dois pés firmes sobre o chão ao mesmo tempo. Cada passo possibilita o caminhar para frente e solicita, por sua vez, outros passos. No diálogo, "cada argumento evoca um contra-argumento que se impulsiona a si mesmo além do outro e impulsiona o outro além de si mesmo" (LIPMAN, 1995, 336).

Uma conversa é uma troca de confidências, sentimentos, pensamentos, informações, interpretações e, conforme estimamos, algumas fofocas. Nas conversas, falamos sem pensar, elas não são contínuas e não seguem nenhuma pauta ou tema. Em uma conversação falamos de tudo e de todos. O diálogo é uma espécie de exame, segundo Lipman, uma investigação, um questionamento (LIPMAN, 1995, 336).

Feitas as considerações sobre a investigação e o diálogo como princípios educativos e metodológico, a partir dos formuladores do programa de Filosofia para Crianças — Matthew Lipman; a sua principal colaboradora, Ann Margaret Sharp; e outros — farei alguns destaques e considerações das relações e aproximações da Investigação Dialógica com as definições consideradas.

A Investigação Dialógica, em uma perspectiva ampla, acata e aceita as proposições referentes à investigação e ao diálogo tal como tematizados por Matthew Lipman e seus colaboradores. As divergências, se houverem, são mais adjetivas que substantivas.

Em relação à ideia da "investigação", proposta como o paradigma educacional por Lipman, o que definimos como princípio educativo é, para nós, a condição fundamental para a docência de filosofia nos termos da proposta: promoção de atitudes de filosofar. Reafirmo que não se trata de ensinar nada a ninguém. Inclusive, é uma palavra jogada para escanteio nos escritos de Matthew Lipman e Ann Margaret Sharp[4]. O que digo é que os autores estão tão convencidos de que a educação deva ser um processo de investigação que a palavra ensino é simplesmente desconsiderada. Aspecto que avalio como positivo e digno de elogios aos professores Lipman e Sharp.

Avalio que a proposta do professor Pedro Demo, de *Educar pela pesquisa* (1997), converge, confirma e corrobora a ideia

---

4. Estou me referindo às principais obras que serviram de base do presente tópico, a saber: de Matthew Lipman, A *Filosofia vai à escola* (1990) e *O pensar na Educação* (1995); de Matthew Lipman em parceria com Ann M. Sharp e Frederick Oscanyan, *Filosofia na sala de Aula* (1994); de Laurence Splitter e Ann M. Sharp, *Uma nova Educação. Comunidade de investigação na sala de aula* (1999).

básica tanto do Programa de Filosofia para Crianças, quanto da Investigação Dialógica de se pensar a "investigação" como paradigma ou princípio da educação escolar. Em relação às especificidades do projeto do professor Demo, destacamos, em primeiro lugar, o dado de que a proposição do professor não está diretamente ligada a uma disciplina, ou melhor, sua ideia é a de uma educação sem disciplina, conforme demonstrado em uma nova concepção de arquitetura curricular, definido como "currículo intensivo"[5]. Em segundo lugar, temos o dado de que sua proposta não está vinculada a um nível de educação, é aplicada

---

5. Currículo intensivo é uma proposta de reestruturação curricular segundo o paradigma da pesquisa, conforme nos explica o professor Demo: "com o tempo, será mister uma forte reorganização curricular, em todos os sentidos. Podemos entender isto como a passagem do currículo extensivo para o intensivo. Aquele tem por base a aula expositiva e faz da escola um monte de salas de aula, onde se escutam cronometradamente exposições que devem ser atentamente escutadas, anotadas, muitas vezes decoradas, para depois devolver da mesma forma, copiada na prova. É a aula-xerox ou bancária. Parte-se da ideia de uma carga semestral já definida no currículo e tem-se por tarefa repassá-la através da sequência de aulas. Aula é, pois, a didática central do currículo extensivo. Já o currículo intensivo volta-se para a formação da competência autônoma, crítica e criativa do aluno, supondo não propriamente um professor (= quem dá aula), mas um orientador que trabalha e faz trabalhar juntos. Parte da transmissão do conhecimento, mas tem como meta sua reconstrução permanente, porque é nesta que emerge a competência humana central, com qualidade formal e política. Toda postura passiva, meramente receptiva, copiadora, domesticadora é rejeitada, porque consolida a condição de objeto de ensino. Desta visão poderíamos retirar outros formatos organizativos do currículo, que poderíamos, a título de exemplificação preliminar, aduzir: REORGANIZAÇÃO CURRICULAR: a. preferir o aprofundamento vertical à exposição horizontal; b. ritmo sustentado de trabalho, em vez de aula picada; c. organização alternativa do tempo; d. flexibilização curricular; e.

tanto na educação básica quanto na superior e principalmente na pós-graduação que, em linhas gerais, é a que mais se aproxima da "educação pela pesquisa".

Estimo que se trata de uma proposta que, apesar da simplicidade de sua explicitação, está bem fundamentada do ponto de vista teórico e, também, bem articulada em seus procedimentos didáticos. O elemento bastante enfatizado pelo professor é evidenciar, explicitar, demonstrar e fundamentar a importância da pesquisa para a educação. A utopia em questão é tornar a pesquisa a forma típica da educação escolar, até mesmo porque a especificidade da educação escolar se assenta no fato de estar baseada no processo de pesquisa e formulação própria (DEMO, 1997). A ideia é pensar a pesquisa como princípio educativo e metodológico, o problema é que estamos acostumados, ou melhor, fomos educados na perspectiva de que ciência, cientista e pesquisa são algo misterioso e extraordinário e, portanto, são coisas para pessoas excepcionais e para ocasiões especiais. A questão fundamental para o professor Demo é:

> Tornar a pesquisa o ambiente didático cotidiano, no professor e no aluno, desde logo para desfazer a expectativa arcaica de que pesquisa é coisa especial, de gente especial. Por conta desta crença frívola, o professor também não se entende por pesquisador. Acha que pesquisador é um ser complicado, que faz coisas complicadas, que ele mesmo não estaria à altura de fazer. Foi treinado dentro do método da aula copiada e só sabe dar aula copiada (Demo, 1997, 15).

---

tratamento das individualidades; f. combater sistematicamente o fracasso escolar e seus riscos" (DEMO, 1997, 34-35).

A propósito da educação investigativa, e considerando também a ideia de uma filosofia com crianças, o professor Pedro Demo afirma que a criança que, brincando, tudo quer saber, pergunta sem parar, mexe nas coisas, desmonta os brinquedos, surge dela o mesmo espírito do pesquisador, embora não esteja falando de algo intencional e elaborado. Por isso mesmo,

> A criança é, por vocação, um pesquisador pertinaz, compulsivo. A escola, muitas vezes, atrapalha esta volúpia infantil, privilegiando em excesso disciplina, ordem, atenção subserviente, imitação do comportamento adulto, como se lá estivesse para escutar e fazer o que os outros lhe mandam. Isto também faz parte, mas é a menor parte. Um profissional competente não perderia a ocasião de aproveitar esta motivação lúdica para impulsionar ainda mais o questionamento reconstrutivo, fazendo dele processo tanto mais produtivo, provocativo, instigador e prazeroso (DEMO, 1997, 11).

Não há uma referência direta à questão do diálogo nas proposições do professor Pedro Demo, no entanto, é enfatizada a questão do trabalho em grupo ou em equipe. As colocações do professor vão ao encontro da ideia de uma comunidade de investigação, vejamos:

> A escola precisa representar, com máxima naturalidade, um lugar coletivo de trabalho, mais do que de disciplina, ordem de cima para baixo, desempenho obsessivo, avaliação fatal. Vale o mesmo para a sala de aula. Mudar esta imagem retrógrada é indispensável. Primeiro é essencial desfazer a noção de "aluno" como sendo alguém subalterno, tendente a ignorante, que comparece para escutar, tomar nota, engolir ensinamentos, fazer provas e passar de ano. Segundo, como se

pretende gestar uma comunidade cidadã, não uma seita, ou um exército fechado, ou um reformatório, é de todo necessário que a criança seja tratada como parceira de trabalho. Vem à escola para trabalhar junto, tendo no professor a orientação motivadora, nem mais, nem menos (DEMO, 1997, 15).

Ainda na perspectiva do trabalho em equipe, o professor fala das dificuldades de tal empreendimento, trata-se, na verdade, de uma verdadeira aprendizagem. É interessante e surpreendente as indicações e sugestões que são propostas quanto às convergências com a Investigação Dialógica e também com a ideia da comunidade de investigação. Reafirmo que a proposta do professor Pedro Demo, de "educar pela pesquisa", converge, confirma e corrobora a ideia básica tanto do programa de Filosofia para Crianças quanto da Investigação dialógica, conforme, por exemplo, a afirmação:

> Transformar a sala de aula em local de trabalho conjunto, não de aula, é uma empreitada desafiadora, porque significa, desde logo, não privilegiar o professor, mas o aluno, como aliás querem as teorias modernas. Este deve poder se movimentar, comunicar-se, organizar seu trabalho, buscar formas diferentes de participação, a par de também precisar de silêncio, disciplina, atenção nos momentos adequados. Supõe ainda reorganizar o ritmo de trabalho, talvez não mais em aulas de 50 minutos, substituindo-as por um tempo maior que permita desenvolver tarefas mais participativas e profundas. *Em vez de carteira individual, provavelmente seria melhor mesas redondas.* Em vez de silêncio obsequioso, seria preferível o barulho animado de um grupo interessado em realizar questionamentos reconstrutivos (DEMO, 1997, 17-18). [Os itálicos são meus]

Ponto forte de convergência nas três propostas concernentes à negação de se pensar a educação como ensino. É como se as proposições se unissem a uma só voz e gritassem: "Ensino NUNCA MAIS!". E, para finalizar a intervenção do professor Pedro Demo, passamos a palavra a ele e, como já sabemos, a sua fala é curta e objetiva:

> A aula que apenas repassa conhecimento, ou a escola que somente se define como socializadora de conhecimento, não sai do ponto de partida e, na prática, atrapalha o aluno, porque o deixa como objeto de ensino e instrução. Vira treinamento. [...] aula copiada não constrói nada de distintivo e por isso não educa mais do que a fofoca, a conversa fiada dos vizinhos, o bate-papo numa festa animada (DEMO, 1997, 7).

A este propósito da aula/ensino como instância fundante da educação, afirmo que a Investigação Dialógica é a arquitetura de uma nova docência que, mediante o diálogo e a investigação, é superadora do mero ensino, isto é, da aula falada pelo professor e copiada pelo aluno:

> Não estamos propondo melhorar, reformar, tornar mais atraente, mais participativa a aula, mas um método que propõe, usando a linguagem da informática, dois procedimentos em relação a aula: a- selecionar, b- deletar. Ou seja, investigação dialógica não é aula, portanto, se enquanto professores de filosofia aprendemos a ministrar aulas, a prática do método que estamos propondo exige o desaprender, isto é, esquecer aquilo que aprendemos enquanto licenciados em filosofia, ou seja, dar aulas (SOFISTE, 2007, 89).

Finalizo as considerações sobre os princípios da Investigação Dialógica reproduzindo as considerações que fiz em relação ao estudo sobre o modo de Sócrates fazer aprender filosofar, pois é filosofando que se faz filosofia. Esta é a grande lição pedagógica e metodológica do texto *Eutífron*[6], portanto, um modelo de excelência para a docência de filosofia. Tal perspectiva não admite o ensino da filosofia como a apreensão de verdades produzidas no passado por cérebros iluminados, como é, muitas vezes, a regra geral entre nós. O procedimento de Sócrates não é o de propor perguntas para desvendar o já sabido ou constituído, portanto, nada de dogmatismos. O entendimento entra em contradição com a prática muito comum de reduzir o ensino da filosofia ao desenvolvimento de princípios e valores previamente definidos, tais como: cidadania; amor ao próximo; liberdade; em suma, uma espécie de moral que privilegia, em geral, os valores hegemônicos da sociedade ocidental.

A grande novidade de Sócrates, talvez um dos motivos de sua condenação, é o de colocar os valores instituídos em questão, portanto, a constituição de um modo de filosofar de excelência: desalojar certezas e abrir-se ao indeterminado.

Assim, pode-se afirmar que Sócrates nos ensina a pensar, "investiguemos juntos" e "vamos aonde nos levar o *logos*", ou seja, a razão dialógica é sua palavra de ordem. Pensar (filosofar) é propor problemas e buscar solucioná-los.

Críton, Hípias Menor, Laques e *Eutífron* estão convencidos de seus conceitos e, por isso mesmo, não veem nenhum

---

6. *Críton, Hípias Menor, Laques* e *Eutífron* são os diálogos de Platão estudados por mim em *Sócrates e o Ensino da Filosofia* (Vozes, 2007).

problema em dizer o que é a piedade, a coragem ou a virtude, ou seja, não veem a situação como problemática. A pedagogia socrática, modelo por excelência de docência para a filosofia, não se aloca apenas na busca da solução do problema, mas, fundamentalmente, no reconhecimento de que existe um problema. Reconhecer o problema é já estar engajado na filosofia. Esta é a tarefa do professor de filosofia.

2.3.4. A aprendizagem segundo a Investigação Dialógica

A Investigação Dialógica é um método de vivência filosófica que visa a aprendizagem e a apropriação da atitude do filosofar mediante o desenvolvimento das competências filosóficas do PAC: Problematizar, Argumentar e Conceituar.

Conforme a definição, o que se coloca em questão é a apropriação/aprendizagem da atitude de filosofar. Avalio, no entanto, a existência de uma crença segundo a qual o conhecimento se dá, única e exclusivamente, pela aprendizagem dos conteúdos conceituais, que são os fatos, princípios e teorias. Educação é, portanto, uma questão do ensino destes conteúdos. Considerando que o objeto em foco é o "ensino" de filosofia, quanto mais o educando estiver abastecido de tais conteúdos, tanto mais, por exemplo, será crítico, criativo, autônomo, livre etc. Não aceito tal compreensão e não postulo que a aprendizagem de atitudes é possível tão somente com o ensino de conteúdos conceituais, como é, ainda, muito comum nas aulas de filosofia em todos os níveis.

A Investigação Dialógica incorpora a concepção de conteúdo proposta pelos *Parâmetros Curriculares Nacionais* em relação aos dois pontos:

> a- Os Parâmetros Curriculares Nacionais propõem uma mudança de enfoque em relação aos conteúdos curriculares: ao invés de um ensino em que o conteúdo seja visto como fim em si mesmo, o que se propõe é um ensino em que o conteúdo seja visto como meio para que os alunos desenvolvam as capacidades que lhes permitam produzir e usufruir dos bens culturais, sociais e econômicos.
> b- Neste documento, os conteúdos são abordados em três grandes categorias: conteúdos conceituais, que envolvem fatos e princípios; conteúdos procedimentais e conteúdos atitudinais, que envolvem a abordagem de valores, normas e atitudes (BRASIL, 1997, 51).

O entendimento da Investigação Dialógica é o de que os conteúdos de filosofia (saberes historicamente constituídos) sejam meios prioritários para o desenvolvimento das competências filosóficas necessárias para o filosofar. Ela entende também, que as três categorias de conteúdos não são dicotômicas. Julgo, no entanto, que em razão do tipo, modelo e interesse da matéria em pauta, algumas das categorias tenham prioridade sobre a outra. Se tomarmos, por exemplo, a questão do aprender a ouvir, estimo que neste caso os conteúdos atitudinais terão prioridade sobre os demais.

Avalio, ademais, que a tendência a reduzir a educação à aprendizagem de conceitos tem uma relação direta, ou melhor, constitui uma espécie de herança da antropologia e da epistemologia de Descartes. Para o pai da filosofia moderna, o ser humano é uma substância cuja essência consiste em pensar: *cogito, ergo sum* — penso, logo existo. O corpo, por sua vez, não passa de *res extensa* — substância material e, enquanto tal, está submetido às leis da mecânica. Assim, de um lado está a mente, o cérebro, a consciência, o pensamento, a alma e de outro o corpo, submetido às leis da mecânica.

Na perspectiva de Descartes a aprendizagem é uma questão apenas de colocar na "cabeça" (sede da alma/pensamento) ou, como popularmente se diz na academia e fora dela, "tomar consciência". Em síntese, para os cartesianos, quem vai à escola é o cérebro. Quem conhece é a "mente", a "cabeça", a "consciência". Neste entendimento, a educação se reduz à apreensão de conceitos; o papel do professor, no caso, é o de narrá-los. Conforme a crítica contundente de Paulo Freire:

> Quanto mais analisamos as relações educador-educandos, na escola, em qualquer de seus níveis, (ou fora dela), parece que mais nos podemos convencer de que estas relações apresentam um caráter especial e marcante — o de serem relações fundamentalmente narradoras, dissertadoras. Narração de conteúdos que, por isto mesmo, tendem a petrificar-se ou a fazer-se algo quase morto, sejam valores ou dimensões concretas da realidade. Narração ou dissertação que implica num sujeito — o narrador — e em objetos pacientes, ouvintes — os educandos. Há uma quase enfermidade da narração. A tônica da educação é preponderantemente esta — narrar, sempre narrar (FREIRE, 1979, 65).

Para a fenomenologia de Merleau-Ponty não é nada disso. O protagonista da aprendizagem é, segundo o autor, o corpo; é mediante as vivências e relações com o mundo e com o outro que a aprendizagem e nossos conhecimentos acontecem. Segundo o filosofo francês, não existe uma consciência separada, apartada e independente do corpo e do mundo, é na relação (intencionalidade) que ela é constituída.

Na parte final do capítulo terceiro do livro *Fenomenologia da percepção* (1999) é trabalhado com detalhes o tema do hábito, ali o autor reafirma a sua tese de que a intencionalidade original, isto é, primeira, é do corpo (motricidade) e não da consciência. Reforça, também, a sua crítica às teorias mecanicistas da aprendizagem, como a relação estímulo-resposta. A experiência revela que o indivíduo não conecta movimentos individuais com estímulos individuais, mas que adquire o poder de responder das mais variadas formas. Não significa que o hábito tem sua origem no pensamento organizativo, mas que o hábito expressa o poder de flexibilidade do humano em ampliar o seu "ser-no-mundo".

O hábito, para o autor, é um "saber" do corpo: "é o corpo, como frequentemente o disseram, que 'apanha' e 'compreende' o movimento. A aquisição do hábito é sim a apreensão de uma significação, mas é uma apreensão motora de uma significação motora". Pergunta o autor: o que se quer dizer justamente com isso? (MERLEAU-PONTY, 1999, 198). Quer dizer que para aprender a dançar, o corpo pega uma significação, ou seja, a compreende. Uma mulher consegue andar com seu grande chapéu de plumas sem esbarrar em nada, dirigimos um automóvel e sabemos exatamente se ele consegue passar por estreitas ruelas, a bengala do cego torna-se análoga ao olhar. Habituar-se a um chapéu, ao automóvel ou a uma bengala é, para o autor, instalar-se neles ou, ao contrário, fazê-los participar do caráter volumoso de nosso próprio corpo, assim: "o hábito exprime o poder que temos de dilatar nosso ser no mundo ou de mudar de existência anexando a nós novos instrumentos" (MERLEAU-PONTY, 1999, 199).

Na aquisição do hábito, portanto, é o corpo que "compreende" e o faz graças ao "saber de familiaridade" que o permite modular seus gestos graças à disposição fisionômica do próprio texto sensível. O hábito expressa o poder que tem o corpo de "compreender", de captar a concordância entre a intenção e a concretização de uma ação, revela que o corpo não é um objeto entre outros, mas que tem o poder intencional, como tem a consciência. Diz-se que, afirma o autor: "o corpo compreendeu e o hábito está adquirido quando ele se deixou penetrar por uma significação nova, quando assimilou a si um novo núcleo significativo" (MERLEAU-PONTY, 1999, 203).

A Investigação Dialógica converge com esse entendimento, tanto em seus princípios educativos — diálogo e investigação —, como seus procedimentos didáticos: as palavras "sessão" e "oficina" são usadas para definir o que acontece em um encontro para vivenciar experiências de filosofar. A sugestão de organizar as sessões ou oficinas de Investigação Dialógica em quatro ações: a incentiv*ação*, a investig*ação*, a fix*ação* e a avali*ação* não é aleatória, gratuita ou casual, mas é intencionalmente proposta no sentido de colocar o sujeito em ação (corpo, alma e espírito) para a "vivência" e a "prática" das competências de Problematizar, Argumentar e Conceituar. Este processo contempla as três categorias de conteúdos: conceitos, procedimentos e atitudes. Há, portanto, na Investigação Dialógica, assim como em Merleau-Ponty, o entendimento de que a aprendizagem é fundamentalmente corporal.

A questão didática de organizar as sessões de Investigação Dialógica em círculo não é aleatória, casual ou simplesmente mais bonitinha. Trata-se de uma exigência pedagógica: Investigação Dialógica se faz com os alunos sentados em círculo, portanto não é apenas uma questão física. O círculo permite, sugere, corrobora o nivelamento de todos. Ao sentar no círculo em diálogo investigativo, todos são, na expressão de Pozo (2002), aprendizes e mestres. O círculo é um convite para que professor desça do pedestal ou, como canta o poeta/cantor Milton Nascimento em *Nos bailes da vida*: "Todo artista tem de ir aonde o povo está"[7]. O círculo permite que o diálogo flua com mais intensidade e participação, uma vez que sugere e guarda relação com a ideia de inclusão: estar no círculo é ser reconhecido socialmente. O círculo proporciona uma visão frontal, de forma que não se vê apenas a nuca do outro, mas o seu rosto, a sua expressão corporal. Como afirma o criador da Pedagogia da Roda, Tião Rocha[8]:

> A roda é um lugar da ação e da reflexão, do ouvir e do aprender com o outro. Todos são educadores, porque estão preocupados com a aprendizagem. É uma construção coletiva. Na roda você constrói consensos. Porque todo processo eletivo é um processo de exclusão, e tudo que exclui não é educativo. Uma escola que seleciona não educa, porque excluiu alguns. A melhor pedagogia é aquela que leva todos os meninos a

---

7. Disponível em: <https://www.letras.mus.br/miltonnascimento/47438/>. Acesso em: 30 set. 2015.
8. Sebastião Rocha, mais conhecido como Tião Rocha, é um educador mineiro que tem pesquisas na área de antropologia e folclore brasileiro, além de ser autor de obras de desenvolvimento cultural e comunitário.

aprenderem. E todos podem aprender, só que cada um no seu ritmo, não podemos uniformizar.[9]

Considerando as características de uma boa aprendizagem, conforme definidas pelo prof. Pozo, em que: "a- a aprendizagem deve produzir mudanças duradouras, b- deve-se poder utilizar o que se aprende em outras situações, c- a prática deve adequar-se ao que se tem de aprender" (POZO, 2002, 60-66). Estimo que a aprendizagem na perspectiva da Investigação Dialógica contempla e promove tais características. Para a Investigação Dialógica, o protagonista central do processo de promoção da boa aprendizagem é o corpo. Se o corpo compreendeu, o hábito está adquirido (MERLEAU-PONTY, 1999, 203). Ora, se se trata da aquisição de um hábito, significa que a aprendizagem foi incorporada, portanto, será duradoura.

---

9. É possível ensinar as crianças de forma amorosa, com muito cafuné e abraço, como faz o antropólogo e educador mineiro Tião Rocha em seu Centro Popular de Cultura e Desenvolvimento (CPCD). Seus projetos estão espalhados por mais de 20 cidades brasileiras e em outros três países: Angola, Moçambique e Guiné-Bissau. O trecho da citação foi extraído da seguinte entrevista, disponível em: <http://www.cpcd.org.br/portfolio/aula-de-cafune/>. Acesso em 14 fev. 2023.

3

Filosofia com crianças: como se faz?

3.1. Princípios e procedimentos

3.1.1. Considerações gerais

Fazer filosofia com crianças é criar um ambiente de vivência filosófica, logo, não se trata da aula em seu sentido mais popular: alunos sentados em fileiras, uns atrás dos outros, tendo o professor à frente, ensinando os conteúdos. Conforme afirmado, no método de filosofar com crianças a Investigação Dialógica não guarda nenhuma relação com aula e ensino.

A Investigação Dialógica é um método de docência de Filosofia, que visa o desenvolvimento das competências filosóficas necessárias para aprendizagem e apropriação da atitude de filosofar. Se considerarmos, no entanto, a proposição da UNESCO de que o confronto através do diálogo e da troca de argumentos é um dos instrumentos indispensáveis à educação do século XXI (DELORS, 2001), pode-se afirmar que o método em questão tem contribuições significativas para todo educador, independente da disciplina que ministra.

Estima-se que todas as disciplinas podem ser desenvolvidas a partir de uma abordagem dialógica e investigativa. A novidade é que, neste método, o educando perde o estatuto de escutador e copiador de aula. O professor, por sua vez, perde a autoridade de ensinador, pois ele é, também, um investigador dialógico. A Investigação Dialógica é, portanto, em sentido amplo, um método de educação. O interesse, no momento, é a filosofia e, mais especificamente, a filosofia com crianças do ensino fundamental.

Propõe-se, então, que cada sessão ou oficina de Investigação Dialógica seja planejada a partir de quatro ações:

1) Incentiv*ação*: despertar, motivar, sensibilizar a turma para um tema/problema que será o objeto da investigação. Pode-se usar uma variedade muito grande de recursos didáticos para tal, como: brincadeiras, histórias, um breve vídeo, gravuras, quadros, músicas, textos, mímicas, teatro etc. Exemplo de procedimento para a escolha do tema/problema que será o objeto da investigação.
2) Investig*ação*: é o núcleo central da oficina de filosofia com crianças. É o momento do Diálogo investigativo, onde todas as habilidades necessárias para o filosofar serão colocadas em ação.
3) Fix*ação*: retomar o que foi investigado no sentido de evidenciar as aprendizagens proporcionadas pelas discussões/investigações.
4) Avali*ação*: trata-se de uma avaliação geral, no entanto, é necessário destacar os aspectos importantes para uma boa sessão de Investigação Dialógica, tais como: ouvir

atencioso, argumentação das ideias e teses, avaliar se houve fuga do tema e, o mais importante: até que ponto a turma filosofou?

A Investigação Dialógica é, desse modo, um método de docência de filosofia que visa a promoção da apropriação/aprendizagem da atitude de filosofar. O filosofar é uma atividade altamente complexa que, no entanto, pode ser contemplada mediante a aquisição das competências filosóficas de Problematizar, Argumentar e Conceituar. O método, portanto, exclui a ideia de aula, ensino, conteúdo, prova, nota e professor.

Aula: não se trata de melhorar a aula ou torná-la mais atraente, mais participativa, mais bonitinha e engraçadinha. Investigação Dialógica não é aula. Trata-se de um procedimento/dinâmica totalmente diferente da aula, tal como milenarmente a conhecemos.

Ensino: exclui-se a ideia de ensino. A Investigação Dialógica não se propõe a ensinar nada. Julga-se que o termo ensino é inapropriado ou, no mínimo, fora de contexto, para o que deve acontecer em uma instituição de educação, principalmente tratando-se da filosofia. Ensino, conforme definição do dicionário *Aurélio*, tem relação com transmissão de conhecimentos, instrução, adestramento, treinamento, castigo, punição, doutrinamento.

Conteúdos: nega-se os conteúdos como tendo fim em si mesmos e a compreensão reducionista de que conteúdo se limita apenas a conceitos. Para a Investigação Dialógica, os conteúdos são, principalmente, as competências filosóficas. Os procedimentos (conteúdos procedimentais) e as atitudes (conteúdos atitudinais) são tão importantes quanto os conteúdos conceituais e, em determinadas situações, mais relevantes que eles.

Prova: não é para a Investigação Dialógica um instrumento de autoridade. Não se trata, no entanto, de negar a avaliação, que é uma dinâmica cotidiana. Lembro que uma das ações do método é a avaliação.

Nota: assim como a prova, a nota também não é instrumento de poder e a medida de relevância ou não de uma determinada disciplina. A atribuição de nota não deve ferir o princípio primeiro do método proposto: o diálogo.

Professor: na Investigação Dialógica não existe a figura do professor como mero transmissor de conteúdo. O coordenador da Investigação Dialógica não tem autoridade instrucional e, portanto, não é o ensinador de nada. Enquanto membro da comunidade de investigação, sua opinião tem o mesmo valor da de qualquer um dos participantes da comunidade. Suas atribuições específicas são: coordenar para que a sessão tenha êxito, administrar o tempo, administrar a dinâmica, garantir a participação de todos e, fundamentalmente, cuidar para que não se fuja do problema que está sendo investigado. A "autoridade", no caso da Investigação Dialógica, é o argumento. Entendimento que converge em um mesmo sentido que as *Diretrizes Curriculares Nacionais Gerais da Educação Básica*, ao alertar para os grandes desafios de educar no atual momento histórico, notadamente o desafio enfrentado em primeiro lugar pelo professor, que:

> Mesmo quando experiente, [...] muitas vezes terá que se colocar na situação de aprendiz e buscar junto com os alunos as respostas para as questões suscitadas. Seu papel de orientador da pesquisa e da aprendizagem sobreleva, assim, o de mero transmissor de conteúdos (BRASIL, 2013, 111).

3.1.2. Estrutura geral da Investigação Dialógica

Em convergência com as suas quatro ações, a Investigação Dialógica se estrutura em quatro momentos: introdução; desenvolvimento; fixação/assimilação/conceituação e avaliação. Os conteúdos referentes à estrutura e elaboração de "oficinas" ou "sessões" de Investigação Dialógica foram apresentados inicialmente no texto *Sócrates e o Ensino da Filosofia* (2007, 102-104), a versão que apresento a seguir traz apenas algumas atualizações.

a. Introdução

Uma oficina de Investigação Dialógica se inicia com uma contextualização geral do que se está trabalhando para só então apresentar a pauta do dia. Esse é o momento da motivação inicial para a escolha do tema e do problema que serão objeto da investigação, ou seja, uma etapa de fundamental importância para o bom êxito de todo o trabalho.

A incentivação/motivação/sensibilização pode ser feita com a apresentação de um conceito, noção, ideia, questão, problema etc. Outro procedimento ou recurso de incentivo se dá mediante a apresentação de uma tela, uma música, uma narração, uma encenação, um jogo, uma dinâmica, um vídeo, um texto, uma contação de história etc.

O procedimento geral para a delimitação do tema/problema se inicia após a apresentação do recurso didático (suponhamos que o recurso utilizado seja a exibição de um breve vídeo) com uma conversa para o levantamento dos aspectos que mais chamaram a atenção da comunidade. Após esse momento, escolhe-se o tema que foi mais relevante. Diante do tema escolhido, passa-se para o momento mais importante e delicado, que é a transformação do tema em problema, ou seja, a delimitação ou verticalização do tema.

b. Desenvolvimento

É a etapa central da oficina de Investigação Dialógica.
Neste ponto, o coordenador tem um papel fundamental por duas razões:

1) O que se espera do primeiro momento — a incentivação — é que de fato motive, desperte epistemologicamente a comunidade/turma para o problema a ser investigado.
2) A passagem do tema para o problema, reafirmo, é de fundamental importância para que a sessão tenha êxito. O problema é que define, delimita, verticaliza e centraliza o diálogo investigativo. Do contrário, corre-se o risco de não sair da mera exposição de ideias, pontos de vista, falatório etc. E não são esses os propósitos da Investigação Dialógica.

Observação importante: Investigação Dialógica não se faz sobre um tema geral ou sobre diversos assuntos, mas sobre um problema pontual, específico e preferencialmente formulado em uma pergunta.

Definido o problema, passa-se ao diálogo investigativo, que deverá estar fundamentado na apresentação e defesa de ideias, noções e conceitos dentro dos limites e possibilidades da racionalidade filosófica, ou seja, relaciona-se com a coerência, a coesão e a sistematização do conhecimento. Este é o momento central da Investigação Dialógica. É o momento privilegiado de colocar em ação as habilidades do filosofar: problematizar, argumentar e conceituar.

Destaco, no entanto, que na preparação da sessão de investigação, o educador, de acordo com as especificidades da comunidade em questão, deve indicar imediatamente que habilidade será o conteúdo de cada sessão, como, por exemplo, problematizar, ouvir, atenção, inferência etc. Cada sessão de Investigação Dialógica é elaborada a partir de um determinado conteúdo, ou seja, de uma habilidade.

Minhas experiências no ensino fundamental e médio, na graduação e pós-graduação de prática de Investigação Dialógica têm demonstrado que, em relação a algumas habilidades, muitas vezes são necessárias diversas sessões de Investigação para que sejam desenvolvidas, especialmente quando se referem a ouvir e a argumentar.

c. Fixação/Assimilação/Conceituação

Um dos objetivos que se leva em conta quanto ao conteúdo investigado durante a sessão é sua "fixação"/"assimilação"/ "conceituação". Esta atividade deverá utilizar procedimentos e recursos didáticos diferentes dos já utilizados nas etapas anteriores.

Como se observa, na Investigação Dialógica não existem conteúdos a serem ensinados. As atribuições do educador são planejar e coordenar as sessões investigativas, zelando para que a sessão não descambe em uma mera conversa. Enquanto membro da comunidade investigativa, sua opinião vale tanto quanto a de qualquer educando. Na Investigação Dialógica, a autoridade é fundamentada no princípio da razoabilidade. É a razão que indica quais princípios, teorias, conceitos e ideias devem ou não ser considerados.

A fixação é o momento de revisão, reflexão, retomada e socialização das aprendizagens da sessão. Portanto, na Investigação Dialógica não existe um ponto final, um resumo, uma conclusão, uma moral da história.

d. Avaliação da Sessão

Esta etapa coloca em questão todo o trabalho que foi feito, em seus aspectos positivos e negativos. É, sem dúvida, um momento de fundamental importância para a aprendizagem e o comprometimento de todos. É uma fase essencial para a pedagógica da Investigação Dialógica.

Esse momento tem como objetivo avaliar a sessão na sua totalidade: a incentivação, o desenvolvimento/investigação e a fixação. Em primeiro lugar, em relação aos objetivos gerais da proposta. Em segundo lugar, em relação aos objetivos da sessão em questão. Os princípios que fundamentam esse momento são os mesmos da Investigação Dialógica, ou seja, o momento da avaliação é também um momento de diálogo investigativo. E, por último, a questão central da avaliação: a comunidade filosofou?

3.1.3. Roteiro para planejamento de sessão de Investigação Dialógica

TÍTULO

É o nome dado à sessão de Investigação Dialógica em questão. Visa a organizar o material para futuras catalogações. Sugere-se que tenha relação com o recurso didático utilizado para a incentivação.

TEMA

É o conceito, a noção, a ideia, o procedimento, a habilidade, a atitude que se pretende trabalhar na sessão. Pode ser escolhido pelo coordenador no momento de preparação da sessão, bem como pode ser sugerido por algum integrante da comunidade investigativa ou, ainda, pode surgir de um episódio do cotidiano da comunidade.

OBJETIVOS

A Investigação Dialógica sempre terá como objetivo geral o desenvolvimento/aprendizagem/incorporação das competências filosóficas do PAC — Problematizar, Argumentar e Conceituar. Os objetivos específicos estão relacionados com o desenvolvimento de conteúdos conceituais, procedimentais e atitudinais, em convergência com as competências do PAC.

No planejamento da sessão/oficina é que serão indicados tanto o objetivo geral quanto os objetivos específicos que estarão na pauta, ou seja, o foco específico de cada Investigação

Dialógica. São esses objetivos que indicarão qual é o melhor recurso didático a ser adotado e os procedimentos gerais.

CONTEÚDOS

São os conceitos, procedimentos e atitudes a serem trabalhados. Todos os possíveis conteúdos devem estar relacionados neste item. Nada mais é do que a relação das habilidades e capacidades que se pretende desenvolver. Por exemplo: conteúdos conceituais (identidade, liberdade, diferença etc.), conteúdos procedimentais (ouvir, falar, registrar etc.), conteúdos atitudinais (atenção, respeito, abertura, trabalho em equipe etc.).

RECURSOS DIDÁTICOS

São os materiais utilizados para a preparação e execução da Investigação Dialógica. Englobam desde a bibliografia até o papel e o pincel utilizado na sessão.

PROCEDIMENTOS DIDÁTICOS

São os procedimentos utilizados no desenvolvimento da sessão. Em todas as etapas, desde a introdução até a avaliação, são utilizados procedimentos específicos de incentivo, de desenvolvimento e de avaliação da sessão. Por exemplo: narração de história, exposição oral, diálogo, jogo, vídeo, trabalho em equipe etc.

3.2. Investigação Dialógica — Princípios para uma Filosofia com crianças

3.2.1. Considerações iniciais

O objetivo geral do presente item é, partindo da Investigação Dialógica, propor sugestões de programas de filosofia com crianças. Temos o entendimento de que toda proposta de intervenção pedagógica, como é o nosso caso, pressupõe, mesmo que não explicitamente, uma concepção de educação, de ser humano, de conhecimento, de aprendizagem etc. Assim sendo, começamos por anunciar alguns dos princípios que subsidiam as nossas sugestões de programas de filosofia com crianças.

Trabalho aqui com quatro princípios ou pressupostos pedagógicos. As sugestões a serem apresentadas estão pautadas e fundamentadas nestes princípios, que são:

1) A educação, conforme estabelece o artigo 205 da Constituição Federal[1] (2016, 124), é um dever do Estado, da família e de toda sociedade, portanto, a educação não é uma tarefa exclusiva de Estado (escola). No entanto, a educação formal que, em geral, acontece nas escolas, é uma educação intencionada, portanto, todas as suas ações, princípios, métodos, didáticas, procedimentos e, principalmente, os seus objetivos e "conteúdos" deveriam ser tematizados, isto é, devidamente justificados

---

1. Constituição Federal de 1988, Art. 205. "A educação, direito de todos e dever do Estado e da família, será promovida e incentivada com a colaboração da sociedade, visando ao pleno desenvolvimento da pessoa, seu preparo para o exercício da cidadania e sua qualificação para o trabalho."

e fundamentados, em síntese, todas as ações da escola deveriam ter "intencionalidade educativa".

2) Na perspectiva da Investigação Dialógica não é possível um programa universal, isto é, um programa que atenda a qualquer instituição, que esteja para além das realidades sociais, econômicas, políticas, religiosas, culturais, históricas etc., para além das necessidades, interesses, prioridades, opções político-pedagógicas etc., de cada instituição, bem como para além de qualquer nível de educação.

3) A escola, como já mencionado, não é "Casa da mãe Joana"[2], ou seja, uma instituição sem nenhuma regra, princípio, ideologia, identidade e opção política, onde:
   a. cada um faz o que bem entende;
   b. todo profissional, independente da opção política, ideológica, pedagógica etc., é aceito em seus quadros;
   c. toda proposta pedagógica, para além de sua opção política-pedagógica é bem-vinda.

4) A escola, como já dito, é um local de ações prioritariamente coletivas. Não acreditamos na excelência de uma ação pedagógica fora de contexto, isto é, desenvolvida isoladamente.

Propomos, assim, que todas as ações empreendidas pela escola sejam planejadas em forma de uma "proposta pedagógica".

---

2. A expressão surge no século XIV relacionada a Joana I, rainha de Nápoles e condessa de Provença (c. 1326-1382). Em 1347, quando tinha 21 anos, Joana normatizou os bordéis da cidade de Avignon (França), de forma que passaram a ser chamados de "casa da mãe Joana". Em Portugal, e depois no Brasil, contudo, a expressão assume o sentido de "lugar desregrado, onde cada um faz o que quer". Disponível em: <http://www.significados.com.br/casa-da-mae-joana/>. Acesso em: 09 fev. 2016.

3.2.2. Sugestões para a elaboração de proposta pedagógica

Conforme o primeiro princípio acima descrito, não existe um programa (no caso, uma proposta pedagógica) universal que sirva para toda e qualquer escola em todo e qualquer momento e contexto. É a partir do projeto político-pedagógico da instituição que se elabora uma proposta pedagógica, por isso, uma proposta pedagógica não deve, em nenhuma situação, estar em conflito com o projeto educativo da escola. No entanto, acima da escola está a Secretaria de Educação do município, em caso de escolas municipais, ou a Superintendência de Educação, em caso de escolas estaduais. Municípios e Estados têm os seus projetos de educação, ou seja, as suas diretrizes curriculares. Ora, qualquer proposta pedagógica não pode desprezar tais diretrizes (documentos). Acima das esferas municipal e estadual, há a esfera federal, com suas determinações e diretrizes gerais para a educação nacional: em primeiro lugar, a *Constituição Federal*; em segundo, a *Lei de diretrizes e bases da educação nacional* e demais documentos oficiais, tais como: o *Plano nacional de educação*; os *Parâmetros curriculares nacionais*; as *Diretrizes curriculares nacionais gerais da educação básica* e a *Base nacional comum curricular*.

Para usar uma metáfora, a proposta pedagógica não pode ser entendida como uma espécie de "meteorito" (aqui no sentido de objeto de origem estranha). O sentido pedagógico é o de que uma proposta de educação não é, mineiramente falando, um "trem" que cai do céu, quer dizer, não vem de cima para baixo (descendente), mas, ao contrário: é um "trem" que tem origem conhecida, ou seja, vem do "chão da escola", de baixo para cima (ascendente). O ponto de partida, portanto, para a elaboração de uma intervenção pedagógica, é a instituição educacional à qual a proposta é dirigida. É a partir do projeto político-pedagógico da escola, insisto, que se elabora uma proposta pedagógica.

A seguir, apresento, como sugestão, um roteiro para a elaboração de uma proposta pedagógica:

ROTEIRO DE ELABORAÇÃO DA PROPOSTA PEDAGÓGICA

Apresentação

É o espaço destinado à apresentação detalhada da proposta de forma clara e objetiva. Visa responder à questão: o que é a proposta?

Dados de identificação

Este item deverá apresentar dados que possam identificar a proposta pedagógica. Nele é importante conter:
a) o nome da *instituição*;
b) a equipe responsável pela *coordenação* da proposta (planejamento, execução e avaliação);
c) a *abrangência* da proposta, ou seja, número de pessoas envolvidas (profissionais da educação, educadores, educandos e comunidade);
d) a *especificidade*, ou seja, os dados referentes:
   1) ao nível de educação (educação infantil; ensino fundamental ou médio);
   2) turno (matutino, vespertino ou noturno);

3) disciplina ou área de conhecimento (Matemática, Português, Ed. Física, Filosofia, Ecologia, Trânsito, Bairro).
e) os projetos didáticos envolvidos na execução da proposta.

Justificativa

É o espaço de apresentação da proposta, que compreende desde as motivações que levaram a sua formulação até a explicitação dos seus objetivos. O item deverá responder qual é a relevância da proposta, o seu papel em relação ao desenvolvimento das aprendizagens dos alunos e quais são as estratégias de desenvolvimento da proposta.

Objetivos

Neste momento, deverá ser explicitado o que se quer alcançar com a proposta. A delimitação dos objetivos, em termos gerais e específicos, é importante para a avaliação da proposta.

Metodologia

Comporta os referenciais epistemológicos e pedagógicos que fundamentam o projeto em pauta, ou seja, aqueles princípios que são a base das ações empreendidas, pois é a partir deles que deverá ser feita uma descrição detalhada dos procedimentos e estratégias que serão utilizados para a elaboração e implementação da proposta na instituição, como, por exemplo, reuniões, seminários, palestras etc.

Metas e cronograma

Este item se dirige à programação das ações no tempo. Ele deverá descrever as ações e o tempo necessário para sua execução, desde o planejamento até a avaliação final. Deverá apresentar um quadro demonstrativo da relação ação/tempo. Por meio deste item, é possível avaliar passo a passo e reestruturar, se necessário, a implementação da proposta.

Avaliação

Este momento perpassa todo o processo de planejamento e execução da proposta. Seu grande referencial são os objetivos e as metas e, por isso, deverá conter explicitamente os procedimentos e estratégias de avaliação como questionários, momentos de avaliação coletiva, fóruns permanentes etc.

3.3. Sugestões de Programas de Filosofia com Crianças

3.3.1. Considerações iniciais

A partir dos princípios, ideias e diretrizes sugeridos anteriormente, apresento indicações e sugestões pontuais para o nível da educação em questão (primeiras séries do ensino fundamental), portanto, todos os documentos, parâmetros, orientações e determinações acima mencionadas devem ser considerados em qualquer proposta pedagógica, assumindo sempre que o documento *Diretrizes curriculares nacionais gerais da educação básica* (DCNGEB) (BRASIL, 2013) busca atualizar as orientações em face às várias mudanças e modificações da educação nacional, tais como o ensino fundamental com duração de nove anos e a obrigatoriedade do ensino gratuito dos quatro aos dezessete anos de idade. Considerando também o fato de ser um documento bastante completo sobre toda a educação básica, no sentido de atender às determinações e diretrizes oficiais, será, pelas razões mencionadas, um dos documentos a partir dos quais farei indicações e sugestões de programas de filosofia.

Contudo, se tem em mente que a *Base nacional comum curricular* (BNCC) é um documento de caráter normativo da educação nacional, conforme:

> A Base Nacional Comum Curricular é um documento de caráter normativo que define o conjunto orgânico e progressivo de **aprendizagens essenciais** que todos os alunos devem desenvolver ao longo das etapas e modalidades da Educação Básica (BRASIL, 2018, 7).

Assim, a BNCC e as DCNGEB serão os dois documentos principais, a partir dos quais apontarei propostas de programas de Filosofia para os anos iniciais do ensino fundamental.

Adotarei o seguinte procedimento: em primeiro lugar, farei um recorte das diretrizes gerais dos dois documentos com ênfase no nível de educação aqui considerado e, a partir de então, apontarei considerações sobre as condições de possibilidades da Filosofia com Crianças no Projeto de Educação proposto nas DCNGEB e na BNCC. A seguir, por fim, indicarei uma sugestão de programa de Filosofia para os anos iniciais do ensino fundamental.

3.3.2. Considerações gerais sobre os documentos: DCNGEB e BNCC

A. Diretrizes Curriculares Nacionais Gerais da Educação Básica (DCNGEB)

Os objetivos das DCNGEB são definidos pelo documento em três proposições.

> I — sistematizar os princípios e diretrizes gerais da Educação Básica contidos na Constituição, na Lei de Diretrizes e Bases e demais dispositivos legais, traduzindo-os em orientações que contribuam para assegurar a formação básica comum nacional, tendo como foco os sujeitos que dão vida ao currículo e à escola;
> II — estimular a reflexão crítica e propositiva que deve subsidiar a formulação, execução e avaliação do projeto político-pedagógico da escola de Educação Básica;
> III — orientar os cursos de formação inicial e continuada de profissionais — docentes, técnicos, funcionários — da educação Básica, os sistemas educativos dos diferentes entes federados e as escolas que os integram, indistintamente da rede a que pertençam (BRASIL, 2013, 65).

Na perspectiva do documento, para a escola atender às exigências da educação básica ela precisa ser reinventada; em vez de priorizar o mero ensino que gera sujeitos passivos, a escola deve:

> priorizar processos capazes de gerar sujeitos inventivos, participativos, cooperativos, preparados para diversificadas inserções sociais, políticas, culturais, laborais e, ao mesmo

tempo, capazes de intervir e problematizar as formas de produção e de vida (BRASIL, 2013, 16).

Na Seção II das *Diretrizes*, que trata do ensino fundamental, o artigo 23 determina que:

> O Ensino Fundamental com 9 (nove) anos de duração, de matrícula obrigatória para as crianças a partir dos 6 (seis) anos de idade, tem duas fases sequentes com características próprias, chamadas de anos iniciais, com 5 (cinco) anos de duração, em regra para estudantes de 6 (seis) a 10 (dez) anos de idade; e anos finais, com 4 (quatro) anos de duração, para os de 11 (onze) a 14 (quatorze) anos (BRASIL, 2013, p. 70/ Resolução nº 4. De 13 de julho de 2010 — Define as Diretrizes Curriculares Nacionais Gerais para a Educação Básica).

Em relação aos princípios do ensino fundamental, o artigo 6º da resolução nº 07, de 14 de dezembro de 2010, determina que:

> Os sistemas de ensino e as escolas adotarão, como norteadores das políticas educativas e das ações pedagógicas, os seguintes princípios:
> I — *Éticos*: de justiça, solidariedade, liberdade e autonomia; de respeito à dignidade da pessoa humana e de compromisso com a promoção do bem de todos, contribuindo para combater e eliminar quaisquer manifestações de preconceito de origem, raça, sexo, cor, idade e quaisquer outras formas de discriminação.
> II — *Políticos*: de reconhecimento dos direitos e deveres de cidadania, de respeito ao bem comum e à preservação do regime democrático e dos recursos ambientais; da busca da

equidade no acesso à educação, à saúde, ao trabalho, aos bens culturais e outros benefícios; da exigência de diversidade de tratamento para assegurar a igualdade de direitos entre os alunos que apresentam diferentes necessidades; da redução da pobreza e das desigualdades sociais e regionais.
III — *Estéticos*: do cultivo da sensibilidade juntamente com o da racionalidade; do enriquecimento das formas de expressão e do exercício da criatividade; da valorização das diferentes manifestações culturais, especialmente a da cultura brasileira; da construção de identidades plurais e solidárias (BRASIL, 2013, 131). [Os itálicos são meus]

No que concerne aos objetivos do ensino fundamental, em convergência com a LDB (Lei n° 9.394/96) em seus artigos 22 e 32, o artigo 7° da resolução n° 07, de 14 de dezembro de 2010, estabelece que:

> As propostas curriculares do Ensino Fundamental visarão desenvolver o educando, assegurar-lhe a formação comum indispensável para o exercício da cidadania e fornecer-lhe os meios para progredir no trabalho e em estudos posteriores, mediante os objetivos previstos para esta etapa da escolarização, a saber:
> I — o desenvolvimento da capacidade de aprender, tendo como meios básicos o pleno domínio da leitura, da escrita e do cálculo;
> II — a compreensão do ambiente natural e social, do sistema político, das artes, da tecnologia e dos valores em que se fundamenta a sociedade;
> III — a aquisição de conhecimentos e habilidades, e a formação de atitudes e valores como instrumentos para uma visão crítica do mundo;

IV — o fortalecimento dos vínculos de família, dos laços de solidariedade humana e de tolerância recíproca em que se assenta a vida social (BRASIL, 2013, 133; BRASIL, 2017, 25; BRASIL, 2010, 2).

Como se trata de um ciclo de 9 anos de educação, período de profundas transformações dos estudantes, o documento fala em múltiplas infâncias e adolescências. Os alunos do fundamental são crianças e adolescentes "cujo desenvolvimento está marcado por interesses próprios, relacionado aos seus aspectos físico, emocional, social e cognitivo, em constante interação" (BRASIL, 2013, 110).

Nos anos iniciais (1º ao 6º), a criança adquire uma série de capacidades de fundamental importância para o seu desenvolvimento, dentre as quais a capacidade de representação, que é decisiva na aprendizagem da leitura e de conceitos matemáticos básicos. É uma fase em que tem maior interação nos espaços públicos, principalmente a escola, e trata-se, portanto, "de um período em que se deve intensificar a aprendizagem das normas da conduta social, com ênfase no desenvolvimento de habilidades que facilitem os processos de ensino e de aprendizagem" (BRASIL, 2013, 110).

O documento alerta para os grandes desafios de se educar no atual momento histórico, em especial os colocados pelo aumento das informações nas sociedades contemporâneas, bem como a mudança de sua natureza, de forma que o professor:

> Mesmo quando experiente, o professor muitas vezes terá que se colocar na situação de aprendiz e buscar junto com os alunos as respostas para as questões suscitadas. Seu papel de

orientador da pesquisa e da aprendizagem sobreleva, assim, o de mero transmissor de conteúdos (BRASIL, 2013, 111).

No entendimento das *Diretrizes*, a diversidade sociocultural e as grandes disparidades socioeconômicas dos alunos do ensino fundamental são elementos que contribuem para determinar oportunidades muito diferenciadas de acesso dos estudantes aos bens culturais. Em resposta a esses dados, o documento fala em "ampliação dos objetivos da escola em face do seu alunado" (BRASIL, 2013, 111). Há a enumeração de uma série de riscos a que as crianças e adolescentes estão sujeitos, tais como: violência doméstica, abuso sexual, exploração no trabalho, falta de cuidados com a saúde etc. Situações que afetam a aprendizagem e o desenvolvimento do aluno e, por essas razões, é sugerido que "o trabalho coletivo na escola poderá respaldá-lo de alguma forma" (BRASIL, 2013, 111).

No que concerne ao crescimento da violência e indisciplina na escola, que afetam a aprendizagem dos alunos e, também, provocam uma atitude de desânimo dos docentes, as diretrizes denunciam que:

> Eles são reflexos não só da violência das sociedades contemporâneas, mas também da violência simbólica da cultura da escola que impõe normas, valores e conhecimentos tidos como universais e que não estabelece diálogo com a cultura dos alunos, frequentemente conduzindo um número considerável deles ao fracasso escolar (BRASIL, 2013, 111).

Conforme a posição das diretrizes de se pensar uma escola comprometida com seus alunos, uma escola que se coloca em uma posição de acolhimento e cuidado de seus estudantes, o seu ponto de partida deve ser um conhecimento profundo de seu alunado para, então, fazer uma educação não "para", mas "com" os estudantes. Nesta perspectiva o currículo não deve ser entendido como o conjunto de saberes que devam ser depositados nos estudantes. O documento define que

> uma das maneiras de se conceber o currículo é entendê-lo como constituído pelas experiências escolares que se desdobram em torno do conhecimento, permeadas pelas relações sociais, buscando articular vivências e saberes dos alunos com os conhecimentos historicamente acumulados e contribuindo para construir as identidades dos estudantes (BRASIL, 2013, 112).

Considerando que a escola é a principal e, na maioria das vezes, a única forma de acesso ao conhecimento sistematizado para a maioria da população, é grande a responsabilidade da escola, principalmente com o ensino fundamental, na sua "missão" de assegurar a todos os estudantes deste nível a aprendizagem dos conteúdos curriculares capazes de proporcionar os elementos básicos para a plena inserção na vida social, econômica e cultural do país. Conhecimento este, assinalam as *Diretrizes*, que Michael Young define como "poderoso", uma vez que ele não pode ser adquirido pelas crianças, jovens e adultos em casa, na comunidade ou no local de trabalho (BRASIL, 2013, 113).

Assim, a aprendizagem do conhecimento escolar não tem como única função desenvolver a dimensão cognitiva dos estudantes, mas sim possibilitar atitudes e comportamentos necessários para a vida em sociedade. Portanto, o currículo não se esgota nos componentes curriculares e áreas de conhecimento que estão escritos nos livros. De acordo com as *Diretrizes*:

> Valores, atitudes, sensibilidades e orientações de conduta são veiculados não só pelos conhecimentos, mas por meio de rotinas, rituais, normas de convívio social, festividades, visitas e excursões, pela distribuição do tempo e organização do espaço, pelos materiais utilizados na aprendizagem, pelo recreio, enfim, pelas vivências proporcionadas pela escola (BRASIL, 2013, 116).

Aspecto positivo é o entendimento e reconhecimento da pobreza e das desigualdades socioeconômicas e históricas da maioria das crianças e jovens da educação básica brasileira e, digno de louvor, o chamamento ao compromisso de buscar políticas reparadoras dessas situações. Neste sentido, os parágrafos 3º e 4º do artigo 5º da Resolução nº 07, de 14 de dezembro de 2010, que fixa as diretrizes curriculares para o ensino fundamental de 9 (nove) anos, determina:

> § 3º Na perspectiva de contribuir para a erradicação da pobreza e das desigualdades, a equidade requer que sejam oferecidos mais recursos e melhores condições às escolas menos providas e aos alunos que deles mais necessitem. Ao lado das políticas universais, dirigidas a todos sem requisito de seleção, é preciso também sustentar políticas reparadoras que assegurem maior apoio aos diferentes grupos sociais em desvantagem.
> § 4º A educação escolar, comprometida com a igualdade do acesso de todos ao conhecimento e especialmente empenhada em garantir esse acesso aos grupos da população

em desvantagem na sociedade, será uma educação com qualidade social e contribuirá para dirimir as desigualdades historicamente produzidas, assegurando, assim, o ingresso, a permanência e o sucesso na escola, com a consequente redução da evasão, da retenção e das distorções de idade/ano/série (Parecer CNE/CEB nº 7/2010 e Resolução CNE/CEB nº 4/2010, que define as Diretrizes Curriculares Nacionais Gerais para a Educação Básica) (BRASIL, 2013, 116).

B. Base Nacional Comum Curricular (BNCC)

A BNCC será a referência primeira nas proposições que apresentaremos a partir daqui, uma vez que o documento em questão tem caráter normativo e é o marco fundamental da educação básica brasileira.

A Base Nacional Comum Curricular (BNCC) é um documento de caráter normativo que define o conjunto orgânico e progressivo de **aprendizagens essenciais** que todos os alunos devem desenvolver ao longo das etapas e modalidades da Educação Básica, de modo a que tenham assegurados seus direitos de aprendizagem e desenvolvimento, em conformidade com o que preceitua o Plano Nacional de Educação (PNE). Este documento normativo aplica-se exclusivamente à educação escolar, tal como a define o § 1º do Artigo 1º da Lei de Diretrizes e Bases da Educação Nacional (LDB, Lei nº 9.394/1996), e está orientado pelos princípios éticos, políticos e estéticos que visam à formação humana integral e à construção de uma sociedade justa, democrática e inclusiva, como fundamentado nas Diretrizes Curriculares Nacionais da Educação Básica (DCN) (BRASIL, 2018, 7).

O objetivo último da BNCC é, portanto, a definição das aprendizagens essenciais que todos os estudantes, quer sejam das escolas da iniciativa privada quer das escolas públicas, devem desenvolver ao longo das etapas da educação básica. Essas aprendizagens são formuladas em termos de competências. No âmbito da BNCC, a competência é definida como:

> a mobilização de conhecimentos (conceitos e procedimentos), habilidades (práticas, cognitivas e socioemocionais), atitudes e valores para resolver demandas complexas da vida cotidiana, do pleno exercício da cidadania e do mundo do trabalho (BRASIL, 2018, 8).

Na perspectiva de promoção de uma educação global ancorada nos princípios éticos, políticos e estéticos, conforme definido na DCN, a BNCC adota dez competências gerais que perpassam todos os componentes da educação básica. A saber:

> 1. Valorizar e utilizar os conhecimentos historicamente construídos sobre o mundo físico, social e cultural para entender e explicar a realidade (fatos, informações, fenômenos e processos linguísticos, culturais, sociais, econômicos, científicos, tecnológicos e naturais), colaborando para a construção de uma sociedade solidária.
> 2. Exercitar a curiosidade intelectual e recorrer à abordagem própria das ciências, incluindo a investigação, a reflexão, a análise crítica, a imaginação e a criatividade, para investigar causas, elaborar e testar hipóteses, formular e resolver problemas e inventar soluções com base nos conhecimentos das diferentes áreas.
> 3. Desenvolver o senso estético para reconhecer, valorizar e fruir as diversas manifestações artísticas e culturais, das locais

às mundiais, e também para participar de práticas diversificadas da produção artístico-cultural.

4. Utilizar conhecimentos das linguagens verbal (oral e escrita) e/ou verbo-visual (como Libras), corporal, multimodal, artística, matemática, científica, tecnológica e digital para expressar-se e partilhar informações, experiências, ideias e sentimentos em diferentes contextos e, com eles, produzir sentidos que levem ao entendimento mútuo.

5. Utilizar tecnologias digitais de comunicação e informação de forma crítica, significativa, reflexiva e ética nas diversas práticas do cotidiano (incluindo as escolares) ao se comunicar, acessar e disseminar informações, produzir conhecimentos e resolver problemas.

6. Valorizar a diversidade de saberes e vivências culturais e apropriar-se de conhecimentos e experiências que lhe possibilitem entender as relações próprias do mundo do trabalho e fazer escolhas alinhadas ao seu projeto de vida pessoal, profissional e social, com liberdade, autonomia, consciência crítica e responsabilidade.

7. Argumentar com base em fatos, dados e informações confiáveis, para formular, negociar e defender ideias, pontos de vista e decisões comuns que respeitem e promovam os direitos humanos e a consciência socioambiental em âmbito local, regional e global, com posicionamento ético em relação ao cuidado de si mesmo, dos outros e do planeta.

8. Conhecer-se, apreciar-se e cuidar de sua saúde física e emocional, reconhecendo suas emoções e as dos outros, com autocrítica e capacidade para lidar com elas e com a pressão do grupo.

9. Exercitar a empatia, o diálogo, a resolução de conflitos e a cooperação, fazendo-se respeitar e promovendo o respeito ao outro, com acolhimento e valorização da diversidade de

indivíduos e de grupos sociais, seus saberes, identidades, culturas e potencialidades, sem preconceitos de origem, etnia, gênero, idade, habilidade/necessidade, convicção religiosa ou de qualquer outra natureza, reconhecendo-se como parte de uma coletividade com a qual deve se comprometer.
10. Agir pessoal e coletivamente com autonomia, responsabilidade, flexibilidade, resiliência e determinação, tomando decisões, com base nos conhecimentos construídos na escola, segundo princípios éticos democráticos, inclusivos, sustentáveis e solidários (BRASIL, 2018, 9-10).

Em relação a seus marcos legais, a BNCC afirma que a Constituição Federal de 1988, ao reconhecer a educação como direito fundamental compartilhado entre Estado, família e sociedade, visando o pleno desenvolvimento da pessoa, seu preparo para o exercício da cidadania e sua qualificação para o trabalho, já tinha o entendimento da necessidade de que fossem "fixados conteúdos mínimos para o Ensino Fundamental, de maneira a assegurar formação básica comum e respeito aos valores culturais e artísticos, nacionais e regionais" (BRASIL, 2018, 12).

A partir desses marcos constitucionais, a LDB, no artigo 9º, inciso IV, afirma que cabe à União:

> estabelecer, em colaboração com os Estados, o Distrito Federal e os Municípios, competências e diretrizes para a Educação Infantil, o Ensino Fundamental e o Ensino Médio, que nortearão os currículos e seus conteúdos mínimos, de modo a assegurar formação básica comum (BRASIL, 1996).

Ao adotar o enfoque das competências, a BNCC deixa claro o que os estudantes da educação básica devem "saber" em termos de conhecimentos, habilidades, atitudes e valores, além do que devem "saber fazer" mediante a mobilização desses conhecimentos, habilidades, atitudes e valores para responder aos desafios da vida cotidiana, do pleno exercício da cidadania e do mundo do trabalho (BRASIL, 2018, 13).

Para a BNCC, o novo cenário mundial no século XXI trouxe novas demandas para o educando, bem como novas exigências para o fazer educativo, conforme:

> No novo cenário mundial, reconhecer-se em seu contexto histórico e cultural, comunicar-se, ser criativo, analítico-crítico, participativo, aberto ao novo, colaborativo, resiliente, produtivo e responsável requer muito mais do que o acúmulo de informações. Requer o desenvolvimento de competências para aprender a aprender, saber lidar com a informação cada vez mais disponível, atuar com discernimento e responsabilidade nos contextos das culturas digitais, aplicar conhecimentos para resolver problemas, ter autonomia para tomar decisões, ser proativo para identificar os dados de uma situação e buscar soluções, conviver e aprender com as diferenças e as diversidades (BRASIL, 2018, 14).

As competências acima nomeadas apontam para uma nova concepção do que é educar e, segundo meu entendimento, esse novo modo de educar é tematizado e assumido pela BNCC ao afirmar o seu compromisso com a educação integral, no sentido do desenvolvimento global da pessoa, rompendo com uma visão reducionista da educação ora privilegiando a dimensão cognitiva, ora a afetiva. Para além da duração da jornada escolar, a educação integral com a qual a BNCC está comprometida se refere à construção intencional de processos educativos que promovam aprendizagens sintonizadas com as necessidades, as possibilidades e os interesses dos estudantes e, também, com os desafios da sociedade contemporânea. Isso supõe considerar as diferentes infâncias e juventudes, as diversas culturas juvenis e seu potencial de criar novas formas de existir (BRASIL, 2018, 14).

O item Os *fundamentos pedagógicos da BNCC* desenvolve, respectivamente, dois temas. O primeiro trata das competências e está assim formulado: "Foco no desenvolvimento de competências". O segundo aborda o problema da educação integral e está formulado nos seguintes termos: "O compromisso com a educação integral". O item em questão faz um resumo ao final, buscando sintetizar a pedagógica da BNCC:

> Assim, a BNCC propõe a superação da fragmentação radicalmente disciplinar do conhecimento, o estímulo à sua aplicação na vida real, a importância do contexto para dar sentido ao que se aprende e o protagonismo do estudante em sua aprendizagem e na construção de seu projeto de vida (BRASIL, 2018, 14).

Considerando, segundo a BNCC, a diversidade cultural e as profundas desigualdades sociais e considerando também como o Brasil, ao longo de sua história, naturalizou as desigualdades educacionais em relação ao acesso, permanência e aprendizado dos estudantes diante dessa realidade, o documento determina que

> as decisões curriculares e didático-pedagógicas das Secretarias de Educação, o planejamento do trabalho anual das

instituições escolares e as rotinas e os eventos do cotidiano escolar devem levar em consideração a necessidade de superação dessas desigualdades. Para isso, os sistemas e redes de ensino e as instituições escolares devem se planejar com um claro foco na equidade, que pressupõe reconhecer que as necessidades dos estudantes são diferentes (BRASIL, 2018, 15).

Avalio que as DCNGEB e a BNCC não só possibilitam a autonomia das instituições educacionais, mas a incentivam e até mesmo, segundo minha avaliação, a exigem. Estimo que a determinação está posta no momento em que a Resolução CNE/CP nº 2, de 22 de dezembro de 2017[3] estabelece que a BNCC é a referência obrigatória para os currículos escolares e as instituições devem incluir uma parte diversificada, conforme:

> Art. 7º Os currículos escolares relativos a todas as etapas e modalidades da Educação Básica devem ter a BNCC como referência obrigatória e incluir uma parte diversificada, definida pelas instituições ou redes escolares de acordo com a LDB, as Diretrizes Curriculares Nacionais e o atendimento das características regionais e locais, segundo normas complementares estabelecidas pelos órgãos normativos dos respectivos Sistemas de Ensino.
> *Parágrafo único.* Os currículos da Educação Básica, tendo como referência a BNCC, devem ser complementados em cada instituição escolar e em cada rede de ensino, no âmbito de cada sistema de ensino, por uma parte diversificada, as quais não podem ser consideradas como dois blocos distintos

---

3. Institui e orienta a implantação da *Base Nacional Comum Curricular*, a ser respeitada obrigatoriamente ao longo das etapas e respectivas modalidades no âmbito da Educação Básica.

justapostos, devendo ser planejadas, executadas e avaliadas como um todo integrado (BRASIL, 2017, 6).

Diante das indicações apresentadas sobre o Projeto Nacional de Educação, conforme estabelecido pelas DCGNEB e na BNCC, faço as seguintes considerações:
a) Avalio que o projeto de educação proposto nos referidos documentos é da mais alta excelência, sobre o qual faço os seguintes destaques:
— entende a educação como formação humana integral, com vistas a construção de uma sociedade justa, democrática e inclusiva;
— defende uma escola comprometida com seus alunos, uma escola que se coloca em uma posição de acolhimento e cuidado de seus estudantes;
— atende às exigências do atual momento histórico (séc. XXI/década de 20);
— reconhece a diversidade sociocultural e as grandes disparidades socioeconômicas dos estudantes da educação básica e busca sinalizar com políticas para a superação destas desigualdades;
— não só possibilita a autonomia das instituições educacionais, mas a incentiva e, até mesmo, segundo o entendimento, a exige.
b) Estimamos, no entanto, que, para a efetivação do referido projeto educacional, as atuais concepções de escola/professor/educação deverão passar por uma ressignificação, uma vez que a educação proposta exige:
— uma escola viva e dinâmica, que se pensa, que tem identidade, ideologia e opções políticas/pedagógicas; uma escola acolhedora de seus trabalhadores, estudantes e comunidade.

- um professor qualificado (formação continuada), bem remunerado, motivado, integrado à instituição de educação à qual pertence, protagonista e engajado na efetivação do projeto de educação de "sua" instituição educacional.
- uma educação que, para além do mero ensino, de fato eduque, isto é, promova o desenvolvimento global de todos os seus educandos.

c) Julgamos, no entanto, que para atender plenamente ao projeto de educação em questão são necessários recursos materiais e humanos adequados, dos quais destacamos:

- instalações físicas adequadas para atender ao projeto de educação em pauta: escolas com espaço para atividades físicas e esportivas, como, por exemplo, quadras; refeitórios; biblioteca; sala de informática com acesso à internet de qualidade;
- escola em tempo integral;
- professores qualificados (graduação e pós-graduação) com dedicação exclusiva à instituição em que trabalha;
- equipe pedagógica qualificada (graduação e pós-graduação) com dedicação exclusiva à instituição em que trabalha;
- salários e quadro de carreira adequados para professores e todos os trabalhadores da educação;
- todos os servidores da instituição deverão estar qualificados e integrados à equipe pedagógica e aos docentes.

3.3.3. Filosofia com Crianças e as DCNGEB e a BNCC

O problema a ser investigado no presente item pode ser assim formulado: na perspectiva do "projeto de educação", tal como proposto pelas DCNGEB e pela BNCC, justifica-se a inclusão da "Filosofia com Crianças" nos currículos das primeiras séries do ensino fundamental?

Antes, porém, de investigar o problema acima indicado, avalio como necessário fazer algumas considerações sobre a questão: quais são os pressupostos para a inclusão da Filosofia com Crianças nas primeiras séries do Ensino Fundamental?

3.3.3.1. Pressupostos/princípios para a inclusão da Filosofia com Crianças nas primeiras séries do ensino fundamental

A justificativa da inclusão da Filosofia com Crianças nas primeiras séries do Ensino Fundamental é, segundo a tese aqui defendida, a dimensão substantivamente filosófica do projeto de educação proposto pelas DCNGEB e BNCC. Conforme:

a) Os princípios orientadores do Ensino Fundamental são: "Éticos, Políticos e Estéticos" (BRASIL, 2013, 131); a ética e a estética são saberes estritamente filosóficos, ou seja, não existe uma ciência no sentido estrito que tratam desses saberes. A política, apesar de se falar hoje em uma "ciência política", é um saber que historicamente tem raízes substantivamente filosóficas. Avaliamos, assim, que a inclusão da filosofia no ensino fundamental, segundo as proposições, deveria ser entendida como normal e até mesmo necessária, uma vez que os princípios norteadores de todo o ensino fundamental são filosóficos.

b) As dez competências adotadas pela BNCC para a educação básica, em sua maioria, são fundamentalmente filosóficas ou, no mínimo, guardam uma afinidade com a filosofia. Avaliamos, assim, que a presença da filosofia no currículo irá contribuir significativamente no desenvolvimento e aprendizagem das referidas competências, recomendadas nos documentos DCG-NEB e BNCC, pelos educandos, das quais destacamos: "curiosidade intelectual"; "investigação", "reflexão", "análise crítica", "imaginação" e "criatividade"; "senso estético"; "argumentar", "defender ideias"; "consciência crítica"; "posicionamento ético"; "diálogo" e "resolução de conflitos".

Faço um destaque especial para a 10ª competência, uma vez que, segundo avaliamos, ela é uma espécie de síntese daquilo que todas as habilidades deveriam proporcionar aos educandos e, neste sentido, também é uma espécie de "utopia", ou seja, a grande meta de toda a educação básica, que formulo assim: que ao final da educação básica as jovens e os jovens sejam capazes de

> [...] agir pessoal e coletivamente com autonomia, responsabilidade, flexibilidade, resiliência e determinação, tomando decisões, com base nos conhecimentos construídos na escola, segundo princípios éticos, democráticos, inclusivos, sustentáveis e solidários (BRASIL, 2018, 10).

c) Segundo a BNCC, o novo cenário mundial (século XXI) trouxe novas demandas para o educando, julgo, assim, que essas exigências têm afinidades com as competências do filosofar, destaco as seguintes:

> [...] comunicar-se, ser criativo, analítico, crítico, participativo, aberto ao novo, colaborativo, resiliente, produtivo e

responsável... resolver problemas, ter autonomia, ser proativo, buscar soluções [...] (BRASIL, 2018, 14).

d) Considerando as desigualdades da educação básica brasileira, em geral a pública de qualidade inferior para os mais pobres, e a educação da iniciativa privada, em geral de qualidade superior, para os mais ricos; e considerando mais uma vez o que o que Michael Young denomina como conhecimento "poderoso", aquele que não pode ser adquirido pelas crianças, jovens e adultos em casa, na comunidade ou no local de trabalho (BRASIL, 2013), estimo que a inclusão da Filosofia com Crianças na rede Pública de Educação corrobora a qualidade do conhecimento "poderoso", sendo assim, uma forma de promoção de equidade social. Desse modo, atende a uma indicação das DCNGEB, conforme:

> § 4º A educação escolar, comprometida com a igualdade do acesso de todos ao conhecimento e especialmente empenhada em garantir esse acesso aos grupos da população em desvantagem na sociedade, será uma educação com qualidade social e contribuirá para dirimir as desigualdades historicamente produzidas [...]" (Parecer CNE/CEB nº 7/2010 e Resolução CNE/CEB nº 4/2010, que define as Diretrizes Curriculares Nacionais Gerais para a Educação Básica) (BRASIL, 2013, 116).

e) Diante das razões acima indicadas, e considerando que as instituições educacionais, redes e sistemas de educação têm autonomia para definir a parte diversificada para a complementação dos currículos, conforme determinado pela Resolução CNE/CP nº 2, de 22 de dezembro de 2017, no artigo 7º: "Os currículos escolares relativos a todas as etapas e modalidades da Educação Básica devem ter a BNCC como referência obrigatória e incluir uma parte diversificada, definida pelas instituições ou redes escolares [...]". Julgo que a inclusão da Filosofia com Crianças é uma opção política e pedagógica das instituições educacionais, redes ou sistemas de educação, por isso, sugiro e proponho aos professores, gestores e coordenadores educacionais que avaliem a proposta de Filosofia com Crianças para os anos iniciais do ensino fundamental.

3.3.4. Proposta de Programa de Filosofia com Crianças para o 1º e 2º anos do ensino fundamental (6-7 anos)

Objetivo geral:

Desenvolver competências filosóficas visando contribuir com o aprofundamento dos componentes das sínteses de aprendizagens da educação infantil conforme proposição da BNCC.

Justificativa:

A BNCC propõe que seja feita uma transição cuidadosa entre a educação infantil e o ensino fundamental. Deve-se buscar o equilíbrio entre as mudanças introduzidas de forma a garantir a integração e a continuidade dos processos de aprendizagens das crianças (BRASIL, 2018). Nessa direção, o documento apresenta uma síntese das aprendizagens esperadas em cada campo de experiências que deverão ser balizas para os objetivos de toda a educação infantil e que deverão ser aprofundadas no ensino fundamental. Atendendo à solicitação em questão e buscando contribuir com uma transição harmônica entre a educação infantil e o ensino fundamental, proponho como conteúdos gerais para o primeiro e segundo anos as competências indicadas nos *Componentes das sínteses de aprendizagens* definidos pela BNCC.

Conteúdos específicos:

São competências do filosofar: Problematizar, Argumentar e Conceituar.

OBSERVAÇÃO:

a) As competências do filosofar serão sempre os conteúdos específicos de toda a educação básica, ou seja, é sempre o referencial de qualquer série e de qualquer nível da educação básica.

b) Respeitando sempre, mas com as adequações didáticas para atender o nível de educação ao qual o programa está direcionado.

Conteúdos gerais:

São as competências dos componentes das sínteses de aprendizagens da educação que os estudantes sejam habilitados a:

— Atuar em grupo e demonstrar interesse em construir novas relações, respeitando a diversidade e solidarizando-se com os outros.

— Conhecer e respeitar regras de convívio social, manifestando respeito pelo outro.
— Reconhecer a importância de ações e situações do cotidiano que contribuem para o cuidado de sua saúde e a manutenção de ambientes saudáveis.
— Apresentar autonomia nas práticas de higiene, alimentação, no vestir-se e no cuidado com seu bem-estar, valorizando o próprio corpo.
— Utilizar o corpo intencionalmente (com criatividade, controle e adequação) como instrumento de interação com o outro e com o meio.
— Coordenar suas habilidades manuais.
— Discriminar os diferentes tipos de sons e ritmos e interagir com a música, percebendo-a como forma de expressão individual e coletiva.
— Expressar-se por meio das artes visuais, utilizando diferentes materiais.
— Relacionar-se com o outro empregando gestos, palavras, brincadeiras, jogos, imitações, observações e expressão corporal.
— Expressar ideias, desejos e sentimentos em distintas situações de interação e por diferentes meios.
— Argumentar e relatar fatos oralmente, em sequência temporal e causal, organizando e adequando sua fala ao contexto em que é produzida.
— Ouvir, compreender, contar, recontar e criar narrativas.
— Conhecer diferentes gêneros e portadores textuais, demonstrando compreensão da função social da escrita e reconhecendo a leitura como fonte de prazer e informação.

— Identificar, nomear adequadamente e comparar as propriedades dos objetos, estabelecendo relações entre eles.
— Interagir com o meio ambiente e com fenômenos naturais ou artificiais, demonstrando curiosidade e cuidado em relação a eles.
— Utilizar vocabulário relativo às noções de grandeza (maior, menor, igual etc.), espaço (dentro e fora) e medidas (comprido, curto, grosso, fino) como meio de comunicação de suas experiências.
— Utilizar unidades de medida (dia e noite; dias, semanas, meses e ano) e noções de tempo (presente, passado e futuro; antes, agora e depois) para responder a necessidades e questões do cotidiano.
— Identificar e registrar quantidades por meio de diferentes formas de representação (contagens, desenhos, símbolos, escrita de números, organização de gráficos básicos etc.) (BRASIL, 2018, 56-57).

A BNCC faz uma série de recomendações específicas para a primeira e segunda séries do ensino fundamental, das quais destaco duas e proponho que elas sejam priorizadas no programa de filosofia para as séries em questão. A saber:

a) Valorização de situações lúdicas articulando com a educação infantil e, ao mesmo tempo, buscar proporcionar aos alunos novas formas de relação com o mundo (BRASIL, 2018).

b) Nos dois primeiros anos do Ensino Fundamental, a ação pedagógica deve ter como foco a alfabetização (BRASIL, 2018).

3.3.5. Proposta de Programa de Filosofia com Crianças para os 3º, 4º e 5º anos do ensino fundamental (8-10 anos)

Objetivo geral:

Contribuir no desenvolvimento das competências específicas das cinco áreas de conhecimento estabelecidas pela BNCC para os anos iniciais da educação fundamental que são: Linguagens, Matemática, Ciências da Natureza, Ciências Humanas e Ensino Religioso.

Justificativa:

A BNCC estabelece competências específicas para cada área de conhecimento, no caso das áreas das Linguagens e Ciências Humanas que abrigam mais de um componente curricular são definidas competências específicas de cada componente. No caso das linguagens, temos Língua Portuguesa, Arte e Educação Física para os anos iniciais. Em relação às Ciências Humanas são dois componentes: Geografia e História. A indicação, conforme sugerido no conjunto do programa apresentado, é buscar contribuir na aprendizagem e apropriação dessas competências por parte dos educandos. Considerando a variedade e diversidade de competências indicadas, farei um recorte a partir de três critérios:

1) competências voltadas/relacionadas aos anos iniciais;
2) competências que consideramos de caráter filosófico;
3) competências que têm ou guardam afinidades com a filosofia.

Conteúdos específicos:

São as três competências do Filosofar: Problematizar, Argumentar e Conceituar.

OBSERVAÇÕES:

a) As competências do Filosofar serão sempre os conteúdos específicos de toda a educação básica, ou seja, é sempre o referencial de qualquer série e de qualquer nível da educação básica.
b) Respeitando sempre, mas com adequações didáticas para atender o nível de educação ao qual o programa está direcionado.

Conteúdos gerais:

Conforme anunciado acima, estas são competências selecionadas a partir das estabelecidas pela BNCC para os estudantes do ensino fundamental. Opto por indicá-las *ipsis litteris*, proponho as seguintes:
— Utilizar diferentes linguagens — verbal (oral ou visual-motora, como Libras e escrita), corporal, visual, sonora e digital —, para se expressar e partilhar informações, experiências, ideias e sentimentos em diferentes contextos e produzir sentidos que levem ao diálogo, à resolução de conflitos e à cooperação (BRASIL, 2018, 65).
— Utilizar diferentes linguagens para defender pontos de vista que respeitem o outro e promovam os direitos humanos, a consciência socioambiental e o consumo

responsável em âmbito local, regional e global, atuando criticamente frente a questões do mundo contemporâneo (BRASIL, 2018, 65).
— Desenvolver o senso estético para reconhecer, fruir e respeitar as diversas manifestações artísticas e culturais, das locais às mundiais, inclusive aquelas pertencentes ao patrimônio cultural da humanidade, bem como participar de práticas diversificadas, individuais e coletivas, da produção artístico-cultural, com respeito à diversidade de saberes, identidades e culturas (BRASIL, 2018, 65).
— Ler, escutar e produzir textos orais, escritos e multissemióticos que circulam em diferentes campos de atuação e mídias, com compreensão, autonomia, fluência e criticidade, de modo a se expressar e partilhar informações, experiências, ideias e sentimentos, e continuar aprendendo (BRASIL, 2018, 87).
— Experienciar a ludicidade, a percepção, a expressividade e a imaginação, ressignificando espaços da escola e de fora dela no âmbito da Arte (BRASIL, 2018, 198).
— Desenvolver a autonomia, a crítica, a autoria e o trabalho coletivo e colaborativo nas artes (BRASIL, 2018, 198).
— Interpretar e recriar os valores, os sentidos e os significados atribuídos às diferentes práticas corporais, bem como aos sujeitos que delas participam (BRASIL, 2018, 223).
— Usufruir das práticas corporais de forma autônoma para potencializar o envolvimento em contextos de

lazer, ampliar as redes de sociabilidade e a promoção da saúde (BRASIL, 2018, 223).
— Experimentar, desfrutar, apreciar e criar diferentes brincadeiras, jogos, danças, ginásticas, esportes, lutas e práticas corporais de aventura, valorizando o trabalho coletivo e o protagonismo (BRASIL, 2018, 223).
— Desenvolver o raciocínio lógico, o espírito de investigação e a capacidade de produzir argumentos convincentes, recorrendo aos conhecimentos matemáticos para compreender e atuar no mundo (BRASIL, 2018, 267).
— Fazer observações sistemáticas de aspectos quantitativos e qualitativos presentes nas práticas sociais e culturais, de modo a investigar, organizar, representar e comunicar informações relevantes, para interpretá-las e avaliá-las crítica e eticamente, produzindo argumentos convincentes (BRASIL, 2018, 267).
— Interagir com seus pares de forma cooperativa, trabalhando coletivamente no planejamento e desenvolvimento de pesquisas para responder a questionamentos e na busca de soluções para problemas, de modo a identificar aspectos consensuais ou não na discussão de uma determinada questão, respeitando o modo de pensar dos colegas e aprendendo com eles (BRASIL, 2018, 267).
— Analisar, compreender e explicar características, fenômenos e processos relativos ao mundo natural, social e tecnológico (incluindo o digital), como também as relações que se estabelecem entre eles, exercitando a curiosidade para fazer perguntas, buscar respostas e

criar soluções (inclusive tecnológicas) com base nos conhecimentos das Ciências da Natureza (BRASIL, 2018, 324).
— Construir argumentos com base em dados, evidências e informações confiáveis e negociar e defender ideias e pontos de vista que promovam a consciência socioambiental e o respeito a si próprio e ao outro, acolhendo e valorizando a diversidade de indivíduos e de grupos sociais, sem preconceitos de qualquer natureza (BRASIL, 2018, 324).
— Conhecer, apreciar e cuidar de si, do seu corpo e bem-estar, compreendendo-se na diversidade humana, fazendo-se respeitar e respeitando o outro, recorrendo aos conhecimentos das Ciências da Natureza e às suas tecnologias (BRASIL, 2018, 324).
— Agir pessoal e coletivamente com respeito, autonomia, responsabilidade, flexibilidade, resiliência e determinação, recorrendo aos conhecimentos das Ciências da Natureza para tomar decisões frente a questões científico-tecnológicas e socioambientais e a respeito da saúde individual e coletiva, com base em princípios éticos, democráticos, sustentáveis e solidários (BRASIL, 2018, 324).
— Compreender a si e ao outro como identidades diferentes, de forma a exercitar o respeito à diferença em uma sociedade plural e promover os direitos humanos (BRASIL, 2018, 357).
— Identificar, comparar e explicar a intervenção do ser humano na natureza e na sociedade, exercitando a

curiosidade e propondo ideias e ações que contribuam para a transformação espacial, social e cultural, de modo a participar efetivamente das dinâmicas da vida social (BRASIL, 2018, 357).
— Interpretar e expressar sentimentos, crenças e dúvidas em relação a si mesmo, aos outros e às diferentes culturas, com base nos instrumentos de investigação das Ciências Humanas, promovendo o acolhimento e a valorização da diversidade de indivíduos e de grupos sociais, seus saberes, identidades, culturas e potencialidades, sem preconceitos de qualquer natureza (BRASIL, 2018, 357).
— Construir argumentos, com base nos conhecimentos das Ciências Humanas, para negociar e defender ideias e opiniões que respeitem e promovam os direitos humanos e a consciência socioambiental, exercitando a responsabilidade e o protagonismo voltados para o bem comum e a construção de uma sociedade justa, democrática e inclusiva (BRASIL, 2018, 357).
— Identificar interpretações que expressem visões de diferentes sujeitos, culturas e povos em relação a um mesmo contexto histórico, e posicionar-se criticamente com base em princípios éticos, democráticos, inclusivos, sustentáveis e solidários (BRASIL, 2018, 402).
— Compreender, valorizar e respeitar as manifestações religiosas e filosofias de vida, suas experiências e saberes, em diferentes tempos, espaços e territórios (BRASIL, 2018, 437).
— Conviver com a diversidade de crenças, pensamentos, convicções, modos de ser e viver (BRASIL, 2018, 437).

— Debater, problematizar e posicionar-se frente aos discursos e práticas de intolerância, discriminação e violência de cunho religioso, de modo a assegurar os direitos humanos no constante exercício da cidadania e da cultura de paz (BRASIL, 2018, 437).

3.3.6. Exemplos/demonstrativos/sugestões de planejamento de oficinas/sessões de Investigação Dialógica com crianças

Reafirmo que não se trata de "aula", mas de encontros que denominados como oficinas ou sessões. Não está em questão o "ensinar" determinado conteúdo, mas a criação de um ambiente que torna possível o filosofar. No sentido geral, o filosofar é aqui entendido como a capacidade de "perguntar" (ser tocado pelo "vírus" da curiosidade, o que é muito próprio das crianças) e buscar, no caso, respostas para essas curiosidades e perguntas.

Como? Mediante o método proposto: a Investigação Dialógica. De forma bem resumida uma oficina de Investigação dialógica funciona assim:

1) Antes de mais nada precisamos de uma "incentivação" ou motivação da criançada. É o despertar para um determinado "tema" que será investigado. O que pode ser feito mediante um recurso didático, conforme definido e exemplificado no item 3.3.7.
2) Com o tema escolhido é preciso fazer uma delimitação, uma espécie de transformação do tema em um "problema" que será o núcleo central de todo o estudo/investigação. Este é o momento mais importante da

oficina, é aqui que se dá o "Diálogo investigativo" ou a Investigação Dialógica. O coordenador exerce um papel importante para o bom êxito da oficina para que, de fato, todos filosofem. São várias as suas atribuições, destacamos as seguintes:

— Promover/garantir a participação de todos.
— Fazer uma boa incentivação para, de fato, motivar a participação de todos.
— Ser bastante criterioso na eleição do tema e definição do problema da investigação. É a comunidade/grupo que irá escolher o problema da investigação.
— Cuidar para que não se fuja do "problema" que está sendo investigado, evitando que o diálogo se transforme em uma mera conversa ou troca de opiniões.
— Pedir justificativas/argumentos das ideias/opiniões.
— Uma das questões fundamentais e que deve ser sempre observada em cada encontro é o "ouvir" (ouvir e respeitar a vez, a fala, a opinião do outro) para que aconteça de fato o "diálogo".
— Administrar bem o tempo.

3) O terceiro momento é uma espécie de revisão, é o que denomino "fixação" das aprendizagens que foram possibilitadas pela oficina, o que pode ser feito de diversas formas, como, por exemplo:

— uma pergunta do tipo: o que foi mais importante no encontro de hoje? O que você aprendeu?
— um desenho (recurso muito utilizado com as crianças);

- a elaboração de uma frase/conceito (individual, em pequenos grupos ou coletivo);
- a apresentação de palavras (nuvem de palavras), em que cada um fala uma palavra.

4) E, por último, sugerimos que se faça uma "avaliação" geral da oficina. Item importante para o planejamento dos próximos encontros. O ideal é que cada encontro (Oficina de Investigação Dialógica) seja devidamente planejado, levando em consideração:
- os conteúdos sugeridos/propostos (itens 3.3.4 e 3.3.5);
- o projeto pedagógico da instituição/escola em que se trabalha;
- as realidades e demandas do grupo/série com o qual se está trabalhando.

3.3.7. Recursos didáticos para a Incentivação

Uma sessão/oficina de Filosofia com Crianças — investigação dialógica — começa com uma incentivação, motivação ou sensibilização para o tema que se pretende investigar/trabalhar. O recurso didático é o material que será utilizado para esse despertar. Existe uma riqueza e uma variedade imensa de recursos que podem ser utilizados, tais como: uma história, música, frase, dito popular, conto de fadas, poesia, pintura, texto, dinâmica, brincadeira etc.

Os trabalhos de filosofia com crianças desenvolvidos pelo "Pensando Bem..." em diversas instituições educacionais demostram e indicam a necessidade de diversificação desses recursos, tarefa fácil de ser observada, dada a riqueza de possiblidades, a começar, por exemplo, com a literatura brasileira dedicada ao público infantil.

Além da riqueza e diversidade da literatura infantil brasileira, registro aqui o dado do caráter filosófico muito presente nesta literatura. A seguir, apenas para exemplificar, serão lembrados, de forma aleatória, alguns desses autores, juntamente com uma de suas obras. A indicação será de autores clássicos e atuais.

— Clarice Lispector — *O mistério do coelho pensante*
— Maurício de Sousa — *Uma aventura no limoeiro*
— Monteiro Lobato — *Sítio do Picapau amarelo*
— Rubem Alves — *O gambá que não sabia sorrir*
— Ziraldo Alves Pinto — *O menino maluquinho*
— Ana Maria Machado — *Menina bonita do laço de fita*
— Edimilson de Almeida Pereira — *O primeiro menino*
— Maria Amália Camargo — *A fuga do mafagafo*
— Nilma Lino Gomes — *Betina*
— Sylvia Orthof — A *vaca Mimosa e a mosca Zenilda*

A título de exemplo, segue abaixo algumas obras dedicadas ao público infantil que estão disponíveis no domínio público/MEC e podem ser acessadas gratuitamente no endereço: www.dominiopublico.gov.br.

— José Leon Machado — A *bruxa e o caldeirão*
— Lenira Almeida Heck — *O ratinho Rói-Rói*
— Lenira Almeida Heck — *O peixinho e o gato*
— Lenira Almeida Heck — *O mistério do anel de pérola*
— Tarcísio Lage — *O leão Praxedes*

— Lenira Almeida Heck — *O galo Tião e a dinda Raposa*
— Lenira Almeida Heck — *O galo Tião e a vaca Malhada*
— Lenira Almeida Heck — *No reino das letras felizes*
— Devison Amorim do Nascimento — *Eu que vi, eu que vi*
— Abel Sidney — *Conto ou não conto*

3.3.8. Sugestão de roteiro para planejamento das oficinas/sessões

(OBS: Cada item do roteiro está tecnicamente explicado no capítulo 3 — *Filosofia com Crianças: como se faz?*, itens 3.1.2 e 3.1.3)

ROTEIRO PARA PLANEJAMENTO DE OFICINA/SESSÃO DE INVESTIGAÇÃO DIALÓGICA
Dados de Identificação. Nome da escola: Nome do(a) Professor(a): Série/turma:
Título:
Tema:
Objetivos: Geral: Específicos:
Conteúdos: Conceituais: Procedimentais: Atitudinais:
Recursos didáticos:
Procedimentos didáticos:
Introdução:
Desenvolvimento:
Fixação:
Avaliação:

3.3.9. Exemplos de planejamentos de oficinas/sessões de Investigação Dialógica

(OBS: As informações e dados de identificação são fictícios)

INVESTIGAÇÃO DIALÓGICA 1
Dados de Identificação. **Nome da escola:** Escola Municipal Paulo Freire **Nome do(a) Professor(a):** Mariana da Silva **Série/turma:** 1ª Série. Tuma A
Título: Investigação 1 — 1º ano turma A
Tema: Atuar em grupo
Objetivos: Geral: Desenvolver as habilidades de ouvir e relacionar. Específicos: Promover o gosto em atuar em grupo. Incentivar a criação de novas relações. Instigar o interesse pelos outros.
Conteúdos: Conceituais: Grupo, outro, diferença. Procedimentais: Ouvir, prestar atenção. Atitudinais: Trabalhar em equipe.
Recursos didáticos: Cartolina e giz de cera. Livro *No reino das letras felizes**
Procedimentos didáticos Apresentação geral dos procedimentos da oficina. Leitura/narração de um fragmento, resumo ou episódio do livro *No reino das letras felizes*; Levantamento de temas, percepções e ideias da leitura/narração. Delimitação do Problema. Investigação do problema, fixação e avaliação da sessão.

Introdução: Em caso do primeiro encontro, fazer uma apresentação geral (pessoal, da disciplina/filosofia e dos procedimentos da ID).
— Incentivação/motivação. Leitura ou narração do resumo, episódio ou fragmento do livro *No reino das letras felizes*;
— Levantamento de temas, percepções, perguntas e ideias;
— Delimitação/verticalização do tema e definição do problema que será investigado.

Desenvolvimento: Diálogo investigativo do problema escolhido. Pode iniciar por um membro da comunidade ou pela coordenação, tentando definir/conceituar ou ainda explicitando o entendimento sobre o problema/objeto de estudo. O diálogo deve ser pautando em argumentação e defesas de ideias e pontos de vista.

Fixação: É o momento de uma revisão/levantamento geral das aprendizagens proporcionadas. Pedir para que as crianças expressem em um desenho o que mais gostaram da atividade.

Avaliação: Pedir para que as crianças falem o que acharam de bom e o que acharam de ruim na oficina. Afinal, a comunidade (criançada) filosofou?

* Recurso didático para a Incentivação:

Este livro, de Lenira Almeida Heck, conta a história de um *reino* que vive no mais absoluto silêncio. Suas habitantes, as *letras*, vivem cada uma para si. Insatisfeita com aquela desunião, a rainha Alfa promove um grande baile onde são apresentadas as vinte e três *letras* que formarão o alfabeto (Resumo fornecido pela autora).
Disponível em: www.dominiopublico.gov.br.

INVESTIGAÇÃO DIALÓGICA 2
Dados de Identificação. **Nome da escola**: Escola Municipal Paulo Freire **Nome do(a) Professor(a)**: Mariana da Silva **Série/turma**: 2ª Série. Tuma A
Título: Investigação 2 — 2º ano turma A
Tema: Amiga do saber
Objetivos: Geral: Desenvolver as habilidades de perguntar/filosofar Específicos: Investigar sobre o que é um filósofo. Fazer um levantamento do que é necessário para ser um filósofo.
Conteúdos: Conceituais: Perguntar, filosofar. Procedimentais: Ouvir, prestar atenção. Atitudinais: Pensar, imaginar, fazer perguntas.
Recursos didáticos: Papel ofício e giz de cera. Texto A *criança filósofa**
Procedimentos didáticos: Leitura do texto (fazer uma certa dramatização), exercício de compreensão textual (proposta do autor: O que a criança gostava de fazer? Quem era a sua amiga? Por que todos a chamavam de filósofa? O que é um filósofo?). Levantamento e escolha de um tema (sugerimos anotar todos os temas/palavras no quadro). Problematização do tema. Diálogo investigativo do problema em estudo. Fixação e avaliação.
Introdução: - Incentivação/motivação. Leitura/dramatização do texto: *A criança filósofa*. — Conversa geral sobre o texto, levantamento de opiniões, temas, perguntas e ideias. — Escolha de um tema/questão e delimitação/problematização do tema em forma de pergunta.

Desenvolvimento: Diálogo investigativo mediante o levantamento de várias respostas possíveis para o problema/pergunta que está em pauta. Em um segundo momento, fazer uma investigação através da fundamentação/argumentação para indicar a melhor resposta para a questão em discussão.

Fixação: É o momento de uma revisão/levantamento geral das aprendizagens proporcionadas.
Pedir que cada um faça, a partir das discussões, uma pergunta.

Avaliação: sortear três participantes para fazerem a avaliação: O que foi bom? O que foi ruim? Todos filosofaram?
(Obs.: todas as questões levantadas devem ser anotadas pela coordenação para que sejam levadas em consideração/corrigidas na próxima investigação)

* Recurso didático para a Incentivação:

A criança filósofa
Era uma vez uma criança curiosa que gostava muito de pensar.
Bem cedinho já começava a pensar e de tanto pensar surgiam muitas perguntas.
Eram tantas e tantas perguntas que todos de sua cidade falavam:
— Uai, essa criança é muito inteligente!
— Quer saber de tudo!
— Ela é uma amiga do saber!
E por isso todos o chamavam de Filósofa!
Juarez Sofiste

INVESTIGAÇÃO DIALÓGICA 3
Dados de Identificação. **Nome da escola:** Escola Municipal Paulo Freire **Nome do(a) Professor(a):** Mariana da Silva **Série/turma:** 2ª Série. Tuma A
Título: Investigação 3 — 5º ano turma A
Tema: Beleza
Objetivos: Geral: Desenvolver o senso estético. Específicos: Investigar sobre o que é uma coisa bela/bonita?
Conteúdos: Conceituais: Bonito, feio, cultura. Procedimentais: Percepção, interpretação Atitudinais: Observar, prestar atenção, pensar.
Recursos didáticos: Cartolina e giz de cera. Projetor de imagens, tela/quadro/gravura.*
Procedimentos didáticos: Pedir que em silêncio todos observem bem o quadro (até 5 minutos). Manifestações pessoais das percepções. Levantamento de quem achou o quadro bonito e de quem achou feio (levantando a mão). Delimitação do tema. Problematização em forma de uma pergunta. Diálogo investigativo sobre a pergunta. Fixação e avaliação.
Introdução: Esclarecimento da coordenação do procedimento. Observação do quadro em silêncio. Diagnóstico das percepções da tela a partir dos critérios: "bonito" e "feio". Incentivação/motivação. Observação do quadro (minutos de silêncio) Definição do problema.
Desenvolvimento: Diálogo investigativo mediante a apresentação de razões (argumentos) da ideia/conceito que se apresentou. As intervenções deverão acontecer sempre a partir da fala do outro, quer para concordar quer para discordar das argumentações/razões apresentadas.

Fixação: elaboração de uma definição/conceito (individual, grupo ou coletivo) do tema/problema da investigação.

Avaliação: Levantamento dos pontos positivos e negativos da Investigação. A comunidade filosofou? (Pedir razões/justificativas).

* Recurso didático para a Incentivação:

Quadro de Van Gogh: *An old woman of Arles*. Domínio público.

Considerações finais

Avalio que as metas e os objetivos propostos foram plenamente contemplados. A meta de responder aos dois questionamentos — "O que é filosofia com crianças?" e "Como se faz filosofia com Crianças?" — foram respondidas. Em relação ao questionamento sobre o que é filosofia com crianças, foi apresentado, em primeiro lugar, uma visão geral do conjunto do Programa de Filosofia para Crianças tal como formulado por seu criador, Matthew Lipman, e seus colaboradores. Em um segundo momento, foi desenvolvido uma descrição geral da Filosofia com Crianças, segundo as proposições da Investigação Dialógica, onde foram expostas as influências, convergências e aprendizagens com o Programa de Filosofia para Crianças e uma fundamentação teórica dos princípios pedagógicos e metodológicos da Investigação Dialógica.

Em se tratando dos objetivos, conforme definidos na introdução, foram propostos dois: o desenvolvimento/coordenação de sessões/oficinas de Filosofia com Crianças e a capacitação na elaboração de propostas pedagógicas de Filosofia com Crianças para a educação fundamental (anos iniciais — crianças de 6 a 10 anos). Estimo que ambos os objetivos foram contemplados. Em um sentido amplo, é o texto no seu conjunto, isto é, na sua arquitetura pedagógica, epistemológica e didática que promove, proporciona e possibilita a seus "leitores" a "aprendizagem" e a capacidade de construírem autonomamente "propostas pedagógicas" de programas de Filosofia com Crianças e as capacita a planejar oficinas/sessões de Investigação Dialógica.

A questão sobre "Como Fazer Filosofia com Crianças" foi desenvolvida sob a seguinte arquitetura didática:

a) Uma apresentação geral do que significa fazer filosofia com crianças e a tematização das quatro ações didáticas (incentivação, investigação, fixação e avaliação) propostas para uma sessão/oficina da Investigação Dialógica.

b) Uma exposição detalhada da estrutura geral da Investigação Dialógica seguida da proposta de roteiro, devidamente explicado, para o planejamento de sessões/oficinas de Filosofia com Crianças.

c) Uma fundamentação dos princípios da Filosofia com Crianças segundo a Investigação Dialógica e sugestão de roteiro para elaboração de Proposta Pedagógica;

d) A apresentação/proposição/sugestão de programas de Filosofia com Crianças a partir das DCGNEB e da BNCC.

Um dos aspectos bastante enfatizado e destacado no conjunto do texto refere-se ao entendimento de que educação escolar é uma "educação com intencionalidade pedagógica", mesmo que muitas vezes não tematizada pelos seus protagonistas. Nesse sentido, tive a preocupação de insistir neste texto que, para não ser contraditório, todas as proposições buscassem apresentar e justificar as razões (intencionalidade) desse ou daquele princípio e procedimento didático.

Reafirmo que o Projeto/Programa de Filosofia com Crianças não deve ser entendido como algo pronto, como um livro de receitas ou um manual/livro didático a ser implementado em instituições educacionais. Como afirmei no conjunto do texto, tratam-se de sugestões e exemplos de programas que visam contribuir com os professores para que, a partir de suas concepções pedagógicas e educacionais, do Projeto Pedagógico da escola em que atuam ou têm pretensões de atuar, e do projeto de educação proposto pelas DCNGEB e da BNCC, possam construir os seus respectivos programas de Filosofia com Crianças.

Conforme a metáfora que usamos, uma proposta pedagógica não pode ser uma espécie de "meteorito" (objeto de origem estranha), ou seja, algo totalmente alheio ao Projeto Pedagógico da instituição, sistema ou rede de educação na qual pretende ser inserida. Não pode ser elaborada sem considerar os Projetos de Educação do Município, Estado, e o que é proposto e determinado em nível nacional.

Além da dimensão filosófica dos princípios do ensino fundamental, conforme já afirmado, estima-se, também, que a maioria dos objetivos e metas propostas e estabelecidas para a educação nacional têm uma dimensão profundamente filosófica ou, no mínimo, têm afinidades com a filosofia. Razão pela qual levantei a suspeita da dificuldade de se atender às diretrizes e determinações da educação proposta sem a contribuição da Filosofia. Assim, apresento a terceira razão que justifica a inclusão da filosofia na educação fundamental: a proposta de filosofia com crianças que sugerimos, que busca contribuir com a consolidação do projeto de educação veiculado pelas DCNGEB e BNCC.

Em segundo lugar, porque a maioria dos objetivos e metas propostas e estabelecidas para a educação nacional têm uma dimensão profundamente filosófica ou, no mínimo, têm afinidades com a filosofia. Razão pela qual levantei a suspeita da dificuldade de se atender às diretrizes e determinações da educação proposta sem a contribuição da Filosofia. Assim, apresento a terceira razão que justifica a inclusão da filosofia na educação fundamental: a proposta de Filosofia com Crianças que sugerimos busca contribuir com a consolidação do projeto de educação veiculado pelas DCNGEB e BNCC.

Reafirmo o entendimento de que a inclusão da Filosofia com Crianças é uma opção política e pedagógica das instituições educacionais, redes ou sistemas de educação. Nesse sentido, manifesto e proponho aos professores, gestores e coordenadores educacionais que avaliem a proposta de Filosofia com Crianças para os anos iniciais do Ensino Fundamental.

Bibliografia

BRASIL. *Constituição da República Federativa do Brasil de 1988*. Brasília, Senado Federal, 2016.

_____. *LDB. Lei de diretrizes e bases da educação nacional. Lei nº 9394/96, de 20 de dezembro de 1996*. Brasília, 2017.

_____. Ministério da Educação. *Parâmetros curriculares nacionais. Ensino médio. Parte IV. Ciências humanas e suas tecnologias*. Brasília, 1999.

_____. Ministério da Educação. *Diretrizes curriculares nacionais gerais da educação básica*. Brasília, 2013.

_____. Ministério da Educação. *Base Nacional Comum Curricular*. Brasília, 2018.

_____. Ministério da Educação. *Base nacional comum curricular. Proposta preliminar*. 2ª ed. rev. Brasília, 2016.

_____. Ministério da Educação. *Resolução CNE/CP nº 2, de 22 de dezembro de 2017*. Brasília, 2017.

_____. Ministério da Educação. *Resolução nº 07, de 14 de dezembro de 2010*. Brasília, 2010.

BUBER, Martin. *Do diálogo e do dialógico*. São Paulo: Perspectiva, 2009.

_____. *Eu e Tu*. Tradução, introdução e notas de Newton Aquiles Von Zuben. São Paulo: Centauro Editora, 2006.

CHAUI, Marilena. *Convite à filosofia*. Editora Ática. São Paulo: 1997.

DANIEL, Marie-France. *A filosofia e as crianças*. Trad. Luciano Vieira Machado. São Paulo: Nova Alexandria, 2000.

DELORS, Jacques. *Educação: um tesouro a descobrir*. Relatório para a UNESCO da Comissão Internacional sobre educação para o Século XXI. 5. ed. São Paulo: Cortez; Brasília: MEC: UNESCO, 2001.

DEMO, Pedro. *Educar pela pesquisa*. Campinas: Autores associados, 1997.

FERREIRA, Aurélio Buarque de Holanda. *Novo Dicionário da Língua Portuguesa*. Rio de Janeiro: Nova Fronteira, s.d.

FREIRE, Paulo. *Pedagogia da autonomia*. São Paulo: Paz e Terra. 2000.

_____. *Pedagogia do oprimido*. Rio de Janeiro: Paz e Terra, 1979.

KOHAN, Walter Omar. *Filosofia para criança*. 2. ed. Rio de Janeiro: Lamparina, 2008.

KOHAN, Walter Omar; WUENSCH, Ana. *Filosofia para crianças: a tentativa pioneira de Matthew Lipman*. v. I. Rio de Janeiro: Vozes, 1998.

LETRAS.MUS. Milton Nascimento. Nos bailes da vida. Disponível em: <https://www.letras.mus.br/miltonnascimento/47438/>. Acesso em: 30 set. 2015.

LIPMAN, Matthew. *A Descoberta de Ari dos Telles*. Manual do Professor (vol. 2). São Paulo: Difusão Nacional do Livro, 1988.

_____. *A filosofia vai à escola*. São Paulo: Summus, 1990.

_____. *O pensar na educação*. Petrópolis: Vozes, 1995.

_____. On Writing a Philosophical Novel. In: SHARP, A.; REED, R. *Studies in Philosophy for Children. Harry Stottlemeir's Discovery*. Philadelphia: Temple University Press, 1992, 3-7.

_____. Como nasceu a Filosofia para Crianças. In: KOHAN, Walter Omar. Filosofia para Crianças — A tentativa Pioneira de Mathew Lipman. Petrópolis: Vozes, 1998.

LIPMAN, Matthew; SHARP, Ann M.; OSCANYAN, Frederick S. *A filosofia na sala de aula*. Trad. Ana Luiza Fernandes Falcone. São Paulo: Nova Alexandria, 1994.

MERLEAU-PONTY, Maurice. *Fenomenologia da Percepção*. Trad. Carlos Alberto R. de Souza. São Paulo: Martins Fontes, ²1999.

bibliografia

Pozo, Juan Ignacio. *Aprendizes e mestres. A nova cultura da aprendizagem.* Porto Alegre: Artmed Editora, 2002.

Sharp, Ann Margaret. Algumas pressuposições da noção de comunidade de investigação. In: _____. *A comunidade de investigação e o raciocínio crítico.* São Paulo: Centro Brasileiro de Filosofia para Crianças, 1995.

Sofiste, Juarez Gomes. Freire e Lipman. Possibilidades e Limites de uma Aproximação. *Revista Ética e Filosofia Política.* v. 1, n. 12 (2010).

_____. *Investigação dialógica. Uma pedagogia para filosofar.* Tese de Doutorado em Educação. Petrópolis: Universidade Católica de Petrópolis, 2016.

_____. *Sócrates e o Ensino da Filosofia. Investigação dialógica. Uma pedagogia para docência de filosofia.* Petrópolis: Vozes, 2007.

Splitter, Laurence; Sharp, Ann M. *Uma nova educação. A comunidade de investigação na sala de aula.* Trad. Laura Pinto Rebessi. São Paulo: Editora Nova Alexandria, 1999.

Edições Loyola

editoração impressão acabamento
Rua 1822 nº 341 – Ipiranga
04216-000 São Paulo, SP
T 55 11 3385 8500/8501, 2063 4275
www.loyola.com.br